Mein literarischer Garten

Colette

Mein literarischer Garten

ebersbach & simon

Rose

Gewiss, sie ist nicht die erste Blume des Jahres. Vor ihr lockt unser fröstelndes Klima Veilchen, Schlüsselblumen und Narzissen hervor und auch die Blutwurz mit den erdbeerblättrigen Blüten, das Leberblümchen und die gelbe Iris am Wasserrand. Sind wir denn von Sinnen und wähnen wir uns in den Tropen oder in der übermütigen Provence, dass wir dennoch hoffen, die Rose möchte bei uns schon im Januar erblühen?

Ach, ihr Zauber ist so groß, dass ich sie allen Bedenken zum Trotz an den Anfang meiner Betrachtungen stellen will. Die Erinnerung an den letzten Krieg mag diesen Vorrang rechtfertigen, denn damals war ihr Wert ins Unermessliche gestiegen und konnte wie die Kalbsleber, die Ananas und andere köstliche Dinge kaum mehr mit Gold aufgewogen werden. »Was kostet diese Rose?«, fragte schüchtern eine Dame, die den Kopf in den Blumenladen steckte. Aber noch ehe ihr eine Antwort zuteil wurde, hielt sie sich mit beiden Händen die Ohren zu – »nein, nein, ich will es ja gar nicht wissen« – und eilte schnell davon. Kein Wunder, im Laden standen Rosen, die von weither im Flugzeug gereist waren und darum stolz und ein wenig verächtlich auf hohen Stängeln prangten. Sie waren mehr als gewöhnliche Rosen: sie hatten Lippen, Wangen, Brüste, einen Nabel. Ihr kühles Fleisch erzitterte im Hauche eines unbeschreiblichen Reifs, und sie dufteten nach Pfirsich, nach Tee und sogar ein wenig nach Rosen ... Ferne, unerreichbare Rosen. Wo aber, Rose, finden dich deine alten Getreuen? Wie alle vergessenen oder entthronten Liebhaber müssen sie sich damit begnügen, dich zu besingen. Sie betrachten dich durch die Scheiben. Sie seufzen und wissen dich begierig zu beschreiben. Sie kennen deine Gestalt und die herbe Geschlossenheit deiner überzüchteten Blüte. Und doch ist mir, sie gedächten wie ich mit Wehmut der gesegneten Zeit deiner Unvollkommenheit. Wir kauften dich so, wie der liebe Gott dich erschaffen hatte, hier ein wenig rostig, dort ein wenig angefressen, mit einem Goldkäfer, der sich in der Muschel deiner Ohren verlor, und wir konnten dich dann immer noch selbst zurichten, wenn wir dich nicht lieber rostig und angefressen behielten. Du hattest viel zu viele Blätter, Knospen wie Radieschen, eine kleine Schnecke am Stängel und so viele Dornen wie ein wehrbares Jungfräulein. Jetzt entlaust dich der Blumenhändler, mit der Pinzette zupft er die überflüssigen Dornen und Blättchen ab, die Marienkäferchen und die Ameisen, alles muss weichen, bis auf zwei oder drei äußere Reihen von Blütenblättern.

Schöne ohne Fehl und Tadel, du bist mir lieber im Rosengarten von La Bagatelle oder in L'Hay-les-Roses. An einem warmen und doch frischen Junitag will ich zu dir gehen, wenn der Wind in Wirbeln an dir rauft und uns noch an deinen unerschöpflichen Reichtum glauben lässt. Vergeblich werde ich dort deine Namen lesen, die ich, Gott sei Dank, stets wieder vergesse. Was gehen mich deine Titel an, diese Namen alter Generäle, Großindustrieller oder einer Madame Robinet, die auf Emaille eingraviert sind? Den Präsidenten Herriot lasse ich mir noch gefallen, denn er hat die Art und auch die Kompetenzen eines guten Gärtners. Doch meine Verehrung gibt dir schönere Namen, o Rose, die ich im Geheimen sündigen Purpur nenne, Aprikosene, Schneezauber, Fee oder dunkle Schöne. Und ohne zu erröten trägst du auch den Glanz eines so heidnischen Namens wie: Zitternder Schenkel der Nymphe! Unter meinem Fenster stehen zwischen Wasserlachen, badenden Tauben, gestutztem Rasen, kugelförmig geschnittenem Eibisch und stolzen Cannastauden üppig blühende Rosensträucher. Weder Krieg noch Fröste vermochten sie zu vernichten. Nie versäumten sie zu blühen, erneut zu blühen und vor dem November nochmals zu erblühen. Sie entwaffnen sogar die Kinder des ersten Arrondissements, die doch für ihre Grausamkeiten berüchtigt sind. Einer der Stöcke trägt als Ergebnis besonderer Züchtung Rosen, die zur Hälfte gelb, zur

Hälfte rot sind. Ein anderer, der an einem Gestell kunstvoll hin- und hergezogen wurde, überschüttet seine Stützen mit einem unerhörten Reichtum schwefelgelber Blüten. Einem Reichtum ... Wie soll ich es euch sagen? Könnte ich doch diese Rosen und die herrlichen alten Rosenstöcke des Palais Royal so beschreiben, dass die Schweizer Rosenhecke im Genfer Park von Eaux-Vives, die ich einmal in ihrer Glorie sah, darüber neidisch würde. Rosen, mit wem soll ich euch vergleichen ... mit wem erst eure hartgeschlossenen Knospen und mit wem dann die voll erblühte Blume? In welchem Paradies stehen Gewächse, die euch ebenbürtig wären, ihr, die der regenbogenfarbige Strahl des Springbrunnens mitten im Herzen von Paris zum Leben erweckt ... Nun habe ich es vielleicht gefunden: Ihr seid fast so schön wie die Kletterrosen, die den Hof des winzigen Bahnwärtergärtchens überwuchern, das Häuschen des Gärtners verdecken oder an der Mauer des bäuerlichen Gasthofes emporklettern. Hier, dort, weiter weg, allüberall, wo sie zu unserem Entzücken beweisen, was der Monat Juni vermag, wenn das Schicksal ihm gütig gesinnt ist und wenn schönes Wetter dazukommt, die Einsamkeit eines jungen Mädchens oder die Hand eines alten versonnenen Mannes und seiner gütig schneidenden Schere.

Lilie

O Lilien wie ihr voll Unbefangenheit

Ich habe das mechanisch und aus anerlerntem Zwang hingeschrieben. Überall, wo Lilien stehen, einzelne oder mehrere, wird sich eine Stimme erheben, die in literarischer Ergriffenheit Mallarmé* zitiert:

O Lilien wie ihr voll Unbefangenheit

Und heute, da ich alleine bin und meine Tochter mir eine Lilie gebracht und mit mir in meiner Einsamkeit gelassen hat, kam auch mir dieser Vers auf die Lippen: »O Lilien wie ihr voll Unbefangenheit«. Aber das Herz war nicht dabei. Und der Ton war falsch. Ich war verlegen, als probierte ich den Federhut einer Freundin oder ihre Ohrringe und sähe die Gesichter um mich herum leise erschrecken. Ich will es aber nochmals versuchen und weiter vorn beginnen, um mehr Schwung zu bekommen:

Allein und stolz, in der Antike Licht die Glieder,
O Lilien wie ihr voll Unbefangenheit

Nein, es hat keinen Sinn zu beharren. Man müsste mehr Talent besitzen als ich, mehr Liebe – nimm es mir nicht übel, Henri Mondor –, um einem Gedicht gerecht zu werden, das allein durch die Musik Claude Debussys Unsterblichkeit erlangte.

O Lilien wie ihr voll Unbefangenheit

Diese Lilie also steht auf meiner Kommode und taucht den Fuß tief ins Wasser. Mit einem Stickscherchen hat die Blumenhändlerin ihre kleinen, gelben Stempelhämmer entfernt, und nun steht sie sauber, aber verstümmelt und traurig da. Für gutes Geld konnten wir vorher, den ganzen Winter hindurch, jene grünlichen Lilien kaufen, die das Bündnis so vieler englischer Hochzeitspaare heiligen. Mit ihrem berückenden Duft überredet diese Lilie auch spröde Mädchen zur Liebe. Mehr weiß ich nicht über sie, da ich nur mit weißen Lilien Umgang pflege, die ich fälschlicherweise echte Lilien nenne. Diese hier ist weiß, fleischig und hochstielig, und ihr Blütenreichtum ist nicht zu überbieten. Schade nur, dass sie fast immer vom Blattkäfer, dem Criocerus, heimgesucht wird. Den Criocerus nenne ich den roten Kiki, denn der rote Kiki ist der Criocerus. Schließt man den Kiki in die Hand, so beginnt er sogleich seine klagenden Zirplaute auszustoßen. Criocerus nenn ich ihn nur, wenn er die Lilien im Garten mit seinem Unrat beschmutzt.

Die Wahlheimat der echten Lilie ist der Gemüsegarten, in der Nähe von Estragon, Sauerampfer, violettem Knoblauch. Ein Beet Karotten oder einige schöne Lattichreihen, daran findet sie Gefallen. Im Reiche meiner Kindheit beherrschten ihr Glanz und ihr Duft den ganzen Garten. Während ich nach roten Kikis jagte, rief mir Sido, meine Mutter, vom Hause aus zu: »Schließ doch die Gartentür; man hält diesen Liliengeruch im Salon kaum mehr aus.«

Sie erlaubte mir auch, die Lilien abzumähen und sie zur Andachtsstunde bündelweise an den Marienaltar zu tragen. Es war heiß in der engen Kirche, und alle Kinder waren mit Blumen hoch beladen. Der eigenartige Geruch der Lilien wurde immer drückender und begann die Litaneien zu stören. Einige Gläubige stürzten eilig hinaus, andere neigten den Kopf zur Seite und fielen in einen entrückten Schlaf. Doch die Gipsmadonna auf dem Altar berührte sachte mit ihrer herabhängenden Hand den Schlund einer Lilie zu ihren Füßen und lächelte ihr holdselig zu.

*) Zeile aus dem Gedicht Stephane Mallarmés »L'après-midi d'un faune«, »Der Nachmittag eines Fauns«.

Selbstgespräch der Gardenie

Sechs Uhr abends … Die weiße Tabakblume hat es gesagt. Aber die weiße Tabakblume kann sich auch irren. Es ist erst dann sechs Uhr, wenn ich es beschließe. Dann aber werden Garten und Terrasse und alles, was darin lebt, von meinem Duft überflutet.

Knapp sechs Uhr … Eben erst bin ich erwacht, und ich erwache langsam. Ich zögere noch, klar und sicher mein Reich zu verkünden, das vom Anbruch der Nacht bis zur Morgendämmerung reicht, wenn im Osten noch kaum eine bräunlich purpurne Wunde die dunkle Hülle verletzt.

Der Tag, der sich zu neigen beginnt, war lang. Während er sich hinzog, hielt ich immerfort den Atem an und unterdrückte den Duft, der mich am Abend umhüllt und der die Nachtfalter auf ihrem ersten Flug zum Taumeln bringt. Ich schlief in meinen fleischigen Blütenblättern, die locker genug zusammengefügt sind, dass man sie nicht mit der faden Regelmäßigkeit der Kamelie verwechselt. Ich schlafe am hellen Tag, wie nur das schläft, was weiß und voll duftender Geheimnisse ist. Für uns weiß blühende Gewächse, die wir damit betraut sind, das menschliche Wesen zu betäuben, ist die Mittagsstunde eine List. Nur die Naive, der Unerfahrene und die zerstreute Geliebte knipsen uns zu dieser Stunde mit dem Fingernagel vom Stängel und heften unsere Blüte, die kühl und ausdruckslos ist wie eine Ranunkel, ins Haar oder an den Gürtel. Dort schlafe ich geruchlos. Wenn aber die »Sechs-Uhr-Stunde« naht, dann beginne ich mich stumm und fiebrig zu verströmen. In mir vereinen sich der Duft fantastischer Orangenblüten und des in einer Stunde aufgeschossenen Ritterlings, um Leib und Seele der Menschen zu verderben. Das naive Kind wird zu einer wilden Ziege, die zerstreute Geliebte erwacht und flieht – aber keineswegs allein –, der Unerfahrene taucht ein in eine Kunst, die ich ihn lehre, und die Erde hat wieder eine sinnenfrohe Nacht mehr zu verzeichnen.

Es ist sechs Uhr. Noch erlaubt das grünliche Weiß meiner Blüten, dass man im letzten Licht des Tages daneben den weißen Tabak unterscheiden kann, den zarten Klebsame und den Oleafragrans und die riesigen, leicht verletzlichen Knospen der Magnolie, an die wohl Swinburne kaum gedacht hat, als er einen Leib besang, der »schöner noch durch einen Flecken wird«. Auch der duftige Regen des Trompetenbaums ist da, die Lilie der Wüste, die in Ermangelung besserer Genüsse das Meerwasser aufsaugt, und der Jasmin, der hell schimmert wie die Sterne. Alle diese bescheidenen Gefäße nächtlicher Balsamdüfte lasse ich mir gefallen, denn sie können mir nicht gefährlich werden. Und doch besitze ich eine Rivalin, die ich nicht nur anerkennen muss, viel schlimmer noch: sie zwingt mich zur Kapitulation ... Es gibt südliche, regenschwangere Nächte, es gibt Nachmittage, über denen fernes Wetterleuchten droht, da braucht meine unaussprechliche Rivalin nur zu erscheinen und schon schwindet meine ganze Gardenienpracht dahin und demütig beuge ich mich vor der Tuberose.

Sie dankt es mir nicht. Sie weiß, dass ihre Frische, die nur jungen, knospenden Brüsten vergleichbar ist, länger dauert als die meine. Sie kann sich nicht genug darauf einbilden und behauptet, dass ich mich schlecht aufs Altern verstehe und dass ich schon am dritten Tag meiner Blüte schlaff werde wie ein Ballhandschuh, der ins Wasser gefallen ist.

Orchidee

Ich sehe einen kleinen, spitzen, ganz spitzen Schuh. Er ist aus einem jadegrünen Stoff, und auf der Nase ist in kastanienbrauner Farbe ein winziger Nachtvogel gezeichnet, zwei große Augen, ein Schnabel. Im Innern hat jemand – niemand weiß wer – auf der Sohle ein leicht gebogenes Silbergras gesät. Die Spitze des Schuhs ist auch nicht leer, eine Hand – niemand weiß welche – hat einen schimmernden, glasklaren Tropfen hinein gegossen, der weder dem natürlichen Morgentau gleicht noch dem künstlichen Geriesel, welches die Blumenhändler zerstäuben. Ich habe den Tropfen mit der Spitze meiner scharfen Klinge herausgehoben, meiner Dienerin, die keine Arbeit scheut, die Bleistifte spitzt, Kastanien schält, das blaue Papier in Rechtecke und den schwarzen Rettich in Scheiben schneidet. Und dann habe ich diesen durchsichtigen und starren Tropfen in den Mund genommen, um ihn genau zu erforschen. Mein alter Freund, der zugegen war, erhob alsbald Stimme und Arme: »Unglückselige«, rief er. Und in beredten Worten sprach er mir von den Pflanzengiften der Malaiischen Inseln und vom Pfeilgift, das immer noch auf rätselhafte Art hergestellt wird. Und während ich nun auf die Todeskrämpfe wartete, die er mir prophezeite, untersuchte ich die Orchidee mit einer großen Lupe. Meine Tochter hatte mir die Blume geschenkt, und statt ihr zu danken, habe ich sie ungnädig angefahren:

»Hättest du die Blumenfrau nicht nach dem Namen dieses Ungeheuers fragen können?«

»Doch, Mama.«

»Und was hat sie dir geantwortet?«

»Sie hat gesagt: ›Tja, ich käme wirklich in Verlegenheit, wenn ich diesen Namen nennen müsste. Für einen ungewöhnlichen Namen ist es ein ganz ungewöhnlicher Name.‹«

Der winzige Tropfen ist nicht auf meiner Zunge zergangen. Und ich habe nur einen kaum merklichen Geschmack nach rohen Kartoffeln wahrgenommen.

Um den kleinen Schuh streben fünf grüne, braun-gesprenkelte Arme unregelmäßig auseinander. Unter ihnen breitet sich wie die Blütenzunge der Iris eine weißgrundige, violett gepunktete Lippe aus. Diese Lippe bildet, ja bildet den Beutel eines Kraken. Meine Orchidee ist tatsächlich ein Krake. Wenn auch nicht acht Arme, so besitzt sie doch die Mundöffnung des Tintenfischs, dieses selbe Maul, das ich eben noch die Nase des Schuhes nannte.

Nur fünf Arme. Wer amputierte ihr die drei anderen? Wer? Wo? Unter welchem Himmel? Mit welcher Absicht? Welchen Gesetzen folgt ihre Mimikry?

Ruhe, Ruhe! Welche Aufregung um eine Blume der anderen Erdhälfte, um diese extravagante Cousine unserer Bienenragwurz, die so reizend das Korsett, die zarte Taille und die Flügel der Biene vortäuscht! Je unerreichbarer die Wunder der Außenwelt für uns werden, umso begieriger wird unser Verlangen nach ihnen. Nein, ich beklage mich nicht; die Orchidee vor mir ist so vielgestaltig, dass sie Stoff genug zu faszinierenden Träumen bietet. Sie erzählt von Kraken, Schuhen, Silberhaaren, Eulen und eingetrocknetem Blut ... Sie könnte wohl viel Weisere als mich verführen und hinreißen. Ich will euch nur von einem erzählen, einem Jäger aus dem vergangenen Jahrhundert. Er war einer jener kleinen, ruhigen Menschen, die in den unmöglichsten Ländern auf möglichst methodische Art dem Jaguar mit dem Blumenfell nachstellen. Er schoss nur auf Jaguare und hin und wieder auf ein paar fette Tauben, denn er musste schließlich auch leben.

Als er eines Tages von seinen Eingeborenen-Treibern auf eine Jaguarfährte gesetzt wurde, begann er sich in der Wartezeit zu langweilen. Er hob den Kopf und erblickte über sich eine Orchidee ... Eine ganz bestimmte Orchidee. Eine, die sicherlich einem Vogel glich oder einer Krabbe, einem Schmetterling, einem Teufelswerk, einem Geschlecht oder vielleicht sogar einer Blume. Betört legte der Jaguarjäger sein Gewehr nieder und kletterte unter Lebensgefahr hinauf. Er pflückte die Orchidee und kam gerade im rechten Augenblick herunter, als sich ein königlicher Jaguar, frisch, munter und funkelnd vor Tau, seinen unbewehrten Händen näherte. Verträumt musterte das Tier den Menschen und ging gelassen seines Weges.

Man hat mir erzählt, dass der Jäger von da an – es geschah etwa um 1860 – nur noch botanisierte. Ich aber hätte gern gewusst, ob er sich aus Dankbarkeit gegenüber dem sanften Jaguar bekehrt hat oder ob die Macht der Orchidee stärker war als die jedes anderen Wildes und ihn darum auf ewig in jene Reiche verbannte, in denen der Mensch von zwei Gefahren stets die größere wählt.

Der Lebenswandel der Glyzinie

Ich will nur hoffen, dass sie noch am Leben ist und dass diese schon mindestens zweihundertjährige Despotin es noch lange bleibt, diese blühende Glyzinie, die sich von meinem elterlichen Garten über die Mauern in die Rue des Vignes hinüberschwingt. Der blühende Beweis ihrer Lebenskraft wurde mir noch letztes Jahr durch eine entzückende Schelmin überbracht ... Schwarzes Kleid, weiße Haare, so sprang sie mit einer für ihre sechzig Jahre bewundernswürdigen Wendigkeit in der heute wie ehemals menschenleeren Rue des Vignes in die Höhe, bis sie eine lange Glyzinienranke erreichen und abbrechen konnte, die nun in Paris an diesem Ruhebett, wo mich die Arthritis gefangen hält, ihr Blühen vollendet. Die schmetterlingsgleiche Blüte beherbergte außer ihrem süßen Duft noch einen kleinen Hautflügler, die Raupe eines Nachtfalters, einen siebenpunktigen Marienkäfer – und alles direkt und unerwartet aus Saint-Sauveur im alten Puisaye importiert.

Ich muss nun aber gestehen, dass diese Glyzinie in unserem kleinen, mauerumgebenen, gitterbeschützten Reich einen recht schlechten Ruf besaß.

Sie, die heute ihren bekannten Duft, ihre blau-lila Farbe und ihre unverkennbare Gebärde über mein Krankenbett breitet, geht weit vor die Zeit der ersten Heirat meiner Mutter Sido zurück. Ihr tolles Blühen im Mai, ihr karges Wiederaufleben im August und September erfüllen die Erinnerungen meiner Kindheit mit Wohlgeruch. Sie trug beinahe so viel Bienen als Blumen und summte wie eine Zimbel, deren Ton sich ständig ausbreitet. Jahr für Jahr wurde sie schöner, bis Sido eines Morgens, als sie sich neugierig über die Blumenlast beugte, den kleinen erstaunten Ausruf hören ließ, der die langbefürchtete Überraschung bestätigte: die Glyzinie begann das Gitter loszureißen.

Und da es im Reiche Sidos ein Ding der Unmöglichkeit war, eine Glyzinie zu töten, versuchte diese eigenwillige Pflanze ihre überlegene Stärke anzuwenden, und sie tut es scheinbar noch heute. Ich war Zeugin, wie sie ein ansehnliches Gitter emporhob, einfach aus Sand und Mörtel in die Luft riss, und dann die Stäbe nach ihren eigenen, pflanzlichen Windungsgelüsten umbog. Eine besondere Vorliebe zeigte sie für die schlangenartige Verschlingung eines Stammes und eines Stabes, die sie zuletzt ganz miteinander verflocht. Dann und wann begegnete sie dem nachbarlichen honigsüßen und reizenden Geißblatt mit den roten Blüten. Sie tat erst, als sähe sie es nicht, und erstickte es dann ganz langsam, wie die Schlange ein kleines Vögelchen erdrückt.

All dieses Geschehen lehrte mich, als stillen Beobachter, die mörderische Kraft, die im Dienste ihrer wunderbaren Schönheit steht. Ich sah, wie sie überwuchert, erwürgt, schmückt, zugrunde richtet und dann wieder stützt. Verglichen mit den vom zartesten Alter an zähen Spiralen der Glyzinie, ist der wilde Wein ein schüchterner Knabe.

Ich habe einmal das Désert-de-Retz besucht, an einem herrlich heißen Tag, als alles zur Siesta und zu unheimlichen Träumen einlud. Um den Reiz dieses Ortes, der einem ein leises Gruseln einjagen kann, nicht zu vermindern, werde ich nicht dorthin zurückkehren. Ein trübes, schilfiges Gewässer ruhte am Fuße eines Pavillons, der mit zerbrochenem modischen Krimskrams vollgestopft war, mit beinlosen Hockern und anderen unerklärlichen Überbleibseln von Hausgeräten. Vor allem wird mir ein verstümmelter Turm unvergesslich bleiben, dessen schräge Kanten sich oben jäh gen Himmel reckten. Inwendig war er in viele fast trapezförmige Zellen unterteilt, die sich um eine Wendeltreppe gruppierten …

O Welt, wie bist du voller Geheimnisse und voller Widerwärtigkeiten für den, der nicht zu den Auserwählten der Geometrie gehört und darum umsonst versucht, den gezackten Turm des Désert-de-Retz zu beschreiben. Ach, wie war dieser Ort von massakrierten Möbeln überfüllt. Sollte ich über ihre Skelette lachen oder doch noch einen teuflischen Rest Leben in ihnen fürchten? …

Das plötzliche Klirren einer Scheibe ließ mich erzittern und brachte die Entscheidung: ein krummer, gewundener Pflanzenarm, in dem ich unschwer die Verbissenheit, den heimlichen Vormarsch und das reptilartige Wesen der Glyzinie erkannte, hatte eben angeklopft und war ohne Umschweife mit Gewalt eingedrungen.

Tulpe

Man kennt mich: Holland ist mein Vaterland.
...
Nur ach! Der Duft fehlt meinem Kelche, der
Wie eine Chinavase schön geschweift.

Die andern elf Verse des Sonetts sind meinem Gedächtnis entfallen. Das ist kein großes Unglück, obwohl der Dichter tatsächlich kein geringerer war als Théophile Gautier. Das Gedicht an die Tulpe könnt ihr in Balzacs *Un grand homme de province à Paris* nachlesen, wo es Balzac seinem Helden Lucien de Rubempré zuschreibt, jenem wunderschönen jungen Mann, der ein Dichter werden wollte und dazu noch berühmt. Er versprach sich Ruhm von einer Sonettsammlung, doch diese Krone wurde als Einzigem José-Maria de Heredia zuteil.

Balzac, der nur Prosa verfasste, bettelte sich seine Sonette da und dort zusammen, und man verwehrte sie ihm auch nicht. Nur gaben ihm seine Dichterfreunde natürlich nicht das Kostbarste aus ihren Herbarien. Théophile Gautier also besang ihm die Tulpe.

Noch in seinen schwächsten Stücken, wie in

diesem hier, sind die kräftige, doch samtweiche Hand, die leichte Beleibtheit und die lyrische Nonchalance des guten Théo spürbar. Aber gerade ihn will ich heute aufs Korn nehmen, und als Gärtnerin, nicht als exakte Botanikerin, will ich ihn fragen, ob er wirklich jemals eine Tulpe sah, die einer chinesischen Vase glich. Einem Ei meinetwegen. Oder einer züngelnden Flamme, einverstanden, wenn es sich um die Papageientulpe handelt. Der Rose in einem Kirchenfenster, wenn Wärme und Überreife die schönen Blätter zwingen, sich kreisrund aufzutun, bevor sie verwelken, aber nie und nimmer einer chinesischen Vase. Die Töpfer Chinas hatten stets den kühnen Schwung der menschlichen Hüfte vor Augen. Bei José-Maria Sert sah ich riesige chinesische Vasen, in denen man gut einen Liebhaber hätte verstecken können. Von Weitem sah ihre Form aus wie das Standbild einer nackten, enthaupteten Frau. Aber wie man bei diesem Anblick an den Kelch einer Tulpe denken kann …

Komm aber nun trotzdem, Tulpe, die ich so verhöhne, komm und leiste mir Gesellschaft! Komm, bunt wie ein Osterei, rot, von Gelb oder Orange durchflammt! Dein schweres Gesäß hält sich aufrecht auf deinem Stängel, und in deinem Innern verbirgst du die blauen Flecken, die auch den roten Mohn an diesen Stellen zeichnen.

Wenn ihr im Blumengarten zu Tausenden und Abertausenden hintereinander steht, sind dir deine Schwestern unglaublich ähnlich: gleich an Größe und Höhe, kerzengerade auf ihren Stängeln und streng einblütig. Bataillonsweise seid ihr der Glanz des nördlichen holländischen Zeelandes, das flach, feucht und fruchtbar ist. Eure Etikette erlaubt euch nichts anderes als zwei lange, blaugrüne Ohren-Blätter, die immer ein wenig melancholisch aussehen ... Aber ich muss gestehen, dass ich für eure hinreißenden Farben so etwas wie Bewunderung empfinde.

Es gab eine Zeit, da Mode und Geschäftstüchtigkeit euch ein schwarzes Kleid vorschrieben, das teuer bezahlt werden musste. Je matter und je dunkler eure violette Trauerfarbe war, umso begehrenswerter erschient ihr euren Liebhabern. Aber dann kam eine Zeit der Hungersnot; man ließ eure kostbaren Zwiebeln kochen, um sie zu verspeisen. Im letzten Krieg dientet ihr edlem Zwecke: im schlimmen Besatzungsfrühling verkaufte Paris in heimlicher Hoffnung und tiefem, bitterem Groll in seinen Blumenläden Tulpenzwiebeln, immer drei Stück in einem Topf. »Ein hübsches Tulpenstöcklein für die Zimmerkultur, Madame.« So wussten die Händler ihre Ware eindringlich anzupreisen. Der März kam, das Elfenbein der erwachten Zwiebel sprengte die dürre Hülle, die anstatt der Tulpen drei Hyazinthen freigab. Und in kühnem Chauvinismus bildeten diese den nationalen Farbendreiklang: Blau, Weiß, Rot.

»*Faust*«

Der Name mag wohl seinerzeit ebenso sehr zum Erfolg dieser Pflanze beigetragen haben wie ihre Eigenart. Es ist nun ungefähr fünfzig Jahre her, seit das schwarze Stiefmütterchen »Faust« in Mode kam. Gounods Partitur der gleichnamigen Oper war um diese Zeit schon in die entfernteste Provinz gedrungen. Unser altes Aucher Klavier und die Finger meiner beiden älteren Brüder übermittelten *Faust* den paar wenigen Instrumenten unseres Dörfchens am Berghang. »Gegrüßt seist du, mein letzter Morgen ... Mein schönes Fräulein, darf ich wagen ... Und ich sah die Schiffe vorüberziehn ...« Nun, all das, was das Radio uns heute wieder mit bescheidenem Stolz ins Gedächtnis zurückruft. »Engel, reine, strahlende Boten des Äthers ...«

(Nicht wahr? man zittert immer ein wenig bei dieser Aufstiegspartie des Soprans.)

Das schwarze Stiefmütterchen »Faust« macht mir heute seinen Osterbesuch. Hier steht es auf meinem Tisch, und es ist kaum weniger schwarz als meine schwarze Samtjacke. Wenn die Sonne darauf fällt, übersät sie es mit Sternenstaub und offenbart, dass in so tiefer Schwärze ein blauer Grund sein muss.

Oder ein violetter? Nein, ein blauer. »Ach, dieser Samt …« Und was noch? Nichts weiter. So beginnen wir nochmals: »Ach, dieser Samt! …« Denn um all diese samtene Pracht zu beschreiben, besitzen wir ja nur das eine Wort Samt, handle es sich nun um das Stiefmütterchen »Faust« selbst oder um seine fünf einfarbigen Blütenblätter, die dunkel sind wie die Flügel des Schmetterlings, der über die Ufer des Amazonas gleitet.

(Ich tue mich gerne ein wenig groß mit meiner entomologischen Gelehrsamkeit, ich, die ich den Amazonas und seine Ufer nie in meinem Leben erblicken werde, besonders, wenn ich den Namen des Falters vergessen habe.)

»Faust« erschien in seiner Stiefmütterchengestalt in den rund aufgeworfenen Beeten meines elterlichen Gartens, zwischen der Pumpe, der Traueresche und der Montmorency-Kirsche. Alle Bekannten meiner Eltern kamen, um sie ihrer Schwärze willen zu bewundern, und sie riefen: »Bitte, behaltet uns doch ein wenig Samen! Ach, dieser Samt! …« Ein kleines, kräftig gelbes Auge schaute uns aus der Mitte jeder Blüte an.

Sobald die Besucher fort waren, hatte auch meine Mutter schon genug von »Faust«. Flatterhaft wie sie war, verhehlte sie mir nicht, dass ein Blumenbeet kein Trauerornat sei und dass die roten Margeriten, der azurblaue Rittersporn, der wollige Leberbalsam und die dunkle Clematis – die nur auf den Nussbaum klettert, um von Schwindel erfasst wieder hinunterzufallen –, dass alle diese Gewächse auch sehr liebenswert seien. Und dass ein Stiefmütterchenbeet es nicht nötig hätte, diesen traurigen »Faust« auszuklügeln, sondern besser daran tat, die Tradition zu pflegen und die klassischen Arten hervorzubringen: die großen, etwas einfältigen Schönen, die halb gelb, halb lila sind, oder die Weißgesichter mit den granatroten Schnäuzchen, die zitronenfarbigen Stiefmütterchen, die Hornveilchen – die Rivalinnen der echten Veilchen – und dann vor allem Sidos Lieblinge, die vollblütig wie Heinrich VIII. ihre Kinnbärtchen dem Betrachter entgegenhielten.

»Schau sie dir doch an«, sagte Sido. »Breit wie meine Hand!«

Sie hatte eben eine kleine Hand.

»Ein wenig vulgär, aber imponierend. Selbstzufrieden, mit drohenden Brauen. Und sie degenerieren leicht ... Eben wie es königliche Personen gewöhnlich zu tun pflegen!«

Von allerlei Gerüchen

Da sind sie, sie sind angekommen, die Pfingstrosen, von denen du sagst, sie dufteten wie Rosen, sie, die Vorboten der ersten Rosen. Gib diesen prunkvollen Kronen viel Wasser! – Es ist wirklich etwas von Rosen an ihnen, nur nicht der Duft.

Granatrot, feuerrot, blassrot und noch drei oder vier Karmintöne – kräftig und gesund strahlen ihre Farben. Eine ganze Woche lang werden sie mich nun erfreuen, bis sie plötzlich mit einer leisen Klage ihre Blütenglut fallen lassen und so an das jähe Erlöschen der Rose gemahnen. An ihr Erlöschen, aber nicht an ihren Duft. Denn die Pfingstrose riecht nicht wie eine Rose, und ich bin die letzte, die ihr dies zum Vorwurf macht. Die Pfingstrose riecht wie eine Pfingstrose. Muss man denn immer Vergleiche suchen, statt dem einfachen Worte zu glauben! Die feine Butter muss wie Haselnüsse schmecken, die Ananas wie weiße Erdbeeren, und die Erdbeeren sollten den appetitanregenden, süßlichen Geschmack zerdrückter Ameisen besitzen.

Die Pfingstrose riecht wie eine Pfingstrose, das heißt, sie riecht wie ein Maikäfer. Gerade dieser delikate Geruch aber ist für uns der Ausdruck des Frühlings, mit all seinen eigenartigen Düften, deren Zusammenklang uns bezaubert. Der Flieder, zum Beispiel, riecht vor seiner Blüte, wenn er erst aus winzigen Pik-Ass-Blättchen und kleinsten Pyramidchen besteht, ein wenig nach Mistkäfer. Im Augenblick, da er schäumend erblüht, verströmen seine weißen, lila-blauen oder purpurnen Trauben in den Vorortszügen, in der Metro und in vielen Kinderwagen einen eindringlich giftigen Geruch nach Blausäure. Dann trauere ich dem Duft des Flieders vor seiner Blüte nach, dem Wohlgeruch seiner zarten, noch bräunlichen Blätter, seinem flüchtigen, halb angenehmen, halb abstoßenden Geruch, der an ein metallisch-glänzendes Flügelwesen erinnert. Aber nun versteht ihr mich nicht mehr, und im Namen des Frühlings, den ich so beleidige, werdet ihr mir eure Zuneigung entziehen. So bleibe ich bescheiden am Wegrand stehen, der vielleicht mit wil dem Storchschnabel bestanden ist, jenem unscheinbaren Blümchen mit dem schnabelartigen Samen. Wenn ihr ihn aus Unachtsamkeit streift, bleibt an den Fingern ein beißender Geruch haften, der zu kräftig ist, um euch zu gefallen. Ich aber zerreibe absichtlich den Stängel und die Purpurblüten und bin umnebelt – wie einst eine meiner Katzen von den geheimnisvollen Botschaften frisch gegerbten Leders. Erst beschnupperte sie es, dann entfernte sie sich. Doch bald kehrte sie zurück, schritt

mit vibrierendem Schwanz wieder nach hinten. Die Szene fand ihren Abschluss in einer Reihe kleiner Brechreize, die sie schamhaft unterdrückte. So weit treibe ich es mit dem Storchschnabel nicht. Ich könnte noch andere Gewächse aufzählen, welche von den meisten Leuten verabscheut werden, die ich aber mit dem Nagel aufschlitze, um dann das Blut der Wolfsmilch zu beschnuppern oder den ockerfarbigen Saft des Schöllkrauts.

Und der herbe Geruch, der den ein wenig verrufenen, ein wenig medizinalen und darum ein wenig giftigen Kräutern entsteigt, ist mir lieber als der fade Holunder, ja sogar als der von Süße überströmende Liguster, der uns während seiner Blüte auf den Wegen des Cancale fast betäubte. Ihr verpönt die Rinde der schwarzen Vogelkirsche? Mein Gott, ich finde sie ganz angenehm. Aber wie viele in Flaschen gefangene Düfte sind für mich eine Enttäuschung. Die wilden Duftwolken, die im Sommer aus dem von Gewittern zerschlagenen Blattgrün steigen, das Jod, welches bei der Ebbe frei wird, die Schwaden, die der übersättigte Gemüsegarten rülpsend ausstößt, wenn auf seinem Komposthaufen das Mark der schwarzen Johannisbeeren, der ausgerissene Fenchel und die alten Dahlienknollen miteinander vergären – das alles ist Weihrauch für meinen kapriziösen und eigenwilligen Geruchssinn.

Was wollte ich euch eigentlich erzählen? Dass die Pfingstrose duftet? Nein, nicht die Pfingstrose und auch nicht die Rose, aber der Maikäfer. Dass der Flieder, der allzu nahe am Schlafzimmer wächst, mit seiner Blausäure ein unflätiger Liebhaber ist. Dass der Rainfarn, »der stinkende Rainfarn«, wie er oft genannt wird, und die Schafgarbe mich an Herz und Leib gesunden lassen, dass aber der Heliotrop mit seinem Vanillegeruch und seiner malvenfarbigen Halbtrauer mich zum Brechen reizt? Gott, bedurfte es dazu so vieler Zeilen und Worte! Aber nun ist es eben geschehen.

Ringelblume

»Souci, Souci …«

Sie gehorchte diesem Ruf sofort, als wäre sie stolz auf ihren Blumen- und Sorgennamen. (Bei uns nennt man die Ringelblume »Souci«, was bekanntlich auch noch Sorge bedeutet.) Sie raste herbei: die geniale Bulldoggenstirn in strenge Falten gelegt und die Ohren aufgestellt wie Kallablüten. Sie war von einem leidenschaftlichen Gehorsam besessen, bewahrte sich dabei aber dennoch ihre starke Persönlichkeit und bestand auf eigene Ansichten. Sie wollte mich immer schon verstehen, bevor ich meinen Satz zu Ende gesprochen hatte. Kaum hatte sie einen Menschen erspäht, so hatte sie schon entschieden, dass er den Strick nicht wert wäre, an dem man ihn hängen sollte, oder aber im Gegenteil, dass etwas aus ihm zu machen sei. Sie war eifersüchtig auf meine Lieblingskatze und dachte, sie könnte ihre Eifersucht verbergen, indem sie über ihre übermäßig vorstehenden, bis an die Schläfen geschlitzten Augen, über diese Augen einer prämierten Bulldogge – Kategorie der Weniger-als-sieben-Kilo-Schweren – die Lider senkte, welche die zwei golden funkelnden Pupillen nur zur Not bedeckten. Im Grunde wusste sie gut, dass ich mich nicht täuschen ließ, und es erschien ihr dann wohl, als wäre auch ich früher einmal eine Bulldogge gewesen und dass man vor mir auf der Hut sein müsse. Aber wen muss man schon täuschen, wenn nicht jene, die man liebt? »Souci, Souci.« Mit ihrer gefurchten Stirn, dem unsteten Puls, dem kurzen Atem, dem unruhigen Schlaf trug sie ihren Namen zu Recht.

»Souci« zitterte an der linken Vorderpfote, wenn ein böser Gedanke sie bedrückte, wenn das quälende Weh – ach, immer dasselbe – über sie kam, wenn die Sünde des Ausschließlich-Besitzenwollens das Blut der Hündin aufwühlte, dieses Bulldoggenblut, das nur für und durch mich leiden konnte. Trennung, Hoffnung, Liebe – es ist das gleiche Leiden. Sie hatte sich dazu erzogen, jede Äußerung eines körperlichen Schmerzes stolz und elegant zu unterdrücken. Eine zerquetschte Pfote? Was ist das schon? Eine Verletzung, ein Kaktusstachel? Noch weniger. Und das Abkratzen des Zahnsteins war kaum ein unterdrücktes Stöhnen wert, wenn das Instrument einen bloßgelegten Backenzahn berührte ... So klug war »Souci«, die heute schon nicht mehr lebt.

Immer im Februar schickt mir nun einer meiner Freunde, der sie schätzen gelernt hatte, einen dicken Strauß gelber Ringelblumen – nur gelbe, keine orangefarbenen, welche dem Kürbis Konkurrenz machen. Und jedes Jahr haben sie bei mir einige frohe

Stunden in einem jener lustigen, gewöhnlichen, etwas pickeligen Emailtöpfe, wie man sie früher zum Aufbewahren der Butter verwendete.

»Souci« hat nur in meinem Gedächtnis eine Grabstätte gefunden. Kein Stein, kein Spruch erinnert an ihre Qualitäten und an die Jahreszahlen ihres allzu kurzen Lebens. Aber die Ringelblumen und ich, wir erinnern uns ihrer in aller Stille. In ihrer vollkommenen gelben Rundheit beschwören die Blumen kein plastisches Bild der Hündin herauf. Sechs oder sieben konzentrische Kreise federartiger Blütenblätter schließen sich eng um die Staubfäden und das Ende jedes Federchens ist zart gezähnt. Keine Symbole einer langen, schönen Freundschaft mit einem Tier – einfach Blumen.

Nur die Mitte, das Herz, das Auge der Ringelblume, es erinnert mich in seinem goldenen Braun an den Blick jener anderen Augen, in denen der schöne Glanz gelblichen Schimmers lag.

Blau

Abgesehen von dem großen Rittersporn, dem Blaustern, der Lupine, der Jungfer in Grün, dem Ehrenpreis, dem Männertreu und der Trichterwinde, deren Bläue alles andere überstrahlt – hat der Schöpfer aller Dinge das Blau bei uns nicht eben verschwenderisch verteilt. Ich darf wohl sagen, dass ich das Blau nirgends übersehe, aber es muss ein richtiges, reines Blau sein. Die Traubenhyazinthe ist so wenig blau wie die Gartenzwetschge. Das Vergissmeinnicht? Es schämt sich nicht, mit der Zeit rosa zu verblassen. Die Iris? Puh … Ihr Blau erhebt sich höchstens zu einem sehr netten Lila, gar nicht zu reden von der sogenannten »Flammen-Iris«, die im Frühjahr die Hügel um Garde-Frenet mit ihrem liturgischen Violett und profanen Duft erfüllt. Die Garteniris passt sich jedem Boden an, badet die Füße in den kleinen Kanälen von La Bagatelle und mischt sich unter ihre Verwandten, die Tigerlilien, deren Glut so rasch vergeht. Sie hat sechs Blütenblätter, drei sauber geschnittene, schmale Zungen und drei breitere, die ein wenig mit Gelb belegt sind – das ist zweifellos die Leber –, und sie gilt als blau, weil sehr viele Leute die blaue Farbe nicht richtig kennen.

Es gibt Menschen, die sich auf Blau verstehen wie andere auf den Wein. Die fünfzehn Sommer, die ich in Saint-Tropez verbrachte, waren für mich nicht nur eine Kur in seligem Azur, sondern auch ein ernsthaftes Studium dieses berühmten Blaus. Dabei beschränkte ich mich keineswegs auf die Betrachtung des provenzalischen Himmels und vernachlässigte oft sogar das Mittelmeer. Ich suchte die Bläue nicht nur in den hellen Sandgründen, wo die Welle ruht, denn ich wusste nur zu gut, dass das Blau des Meeres beim ersten Schein der Morgenröte von dem hinterlistigen Grün, das die letzten Sterne auslöscht, verschlungen wird und dass dann jede Himmelsrichtung statt des unsteten Blaus ihre eigene Himmelsfarbe wählt: Violett der Osten und Eisigrosa der Norden, der Westen Rötlich und Grau der Süden. Auf der Höhe des Tages aber wird der provenzalische Himmel hellgrau wie Asche. Kurze Schatten, die sich unter die Bäume flüchten oder an den Fuß der Mauern ducken, verstummte Vögel, eine Katze, die Tropfen für Tropfen das Wasser vom Brunnenrohr auffängt – so raubte uns die Mittagsstunde unseren so lebenswichtigen Anteil an Bläue und Ruhe.

Sehnsüchtig wartete man, bis eine kleine Wolke aufgewirbelten Staubs am Wegrand erschien oder eine weiße Schaumkrone am Rande der Bucht die Wiedergeburt der Bläue verkündete. Das Meer färbte sich lapislazuliblau, und sein Widerschein brach durch das Gartenhäuschen, und jedes Trinkglas barg plötzlich einen Fingerhut voll blauen Eises.

Über den goldschimmernden Alpen aber erschien eine drohende Gewitterwolke, blau wie die Flügel der Ringeltaube. In wenigen Stunden würde der Vollmond zwischen dem Sternenschnee dahinziehen, und bis zur Morgendämmerung würden die weißen Sandlilien, die tagsüber geschlossen bleiben, in reinster Bläue baden.

Lackee und Pothos

Man glaube nicht, diese Überschrift deute auf etwas wie eine indische Fabel hin. Es ist nur die Beschriftung einer jener großen Farbtafeln, die etwas verlottert, leicht vergilbt und mit zerfetzten Rändern als letzte Überreste eines von Vandalismus und Gleichgültigkeit zerstreuten Bildwerks übrig blieben. Ich kaufte sie früher überall zusammen, wo sie mir unter die Augen kamen. Bessa waren die einen signiert, die andern Geneviève de Nangis, weitere Denisse – Maler und Lithograf –, und sie teilen mir nur genau das mit, was ich wissen möchte. Welch minutiöse Genauigkeit! Ich kann die Härchen auf der breiten Iriszunge zählen, die Pusteln auf den narbigen Zitronen. Damit das Studium erleichtert werde, hatte die Wissenschaft die Organe der Nelke, des Krokus, des Muskateller-Salbeis und der Bachbunge noch zergliedert.

Ich ergehe mich zwischen den nummerierten Blütenblättern, den abgetrennten Staubfäden, den auf lächerliche Weise sexuellen Keimlingen, den mähnenartigen Wurzeln. Ich lerne nichts, ich betrachte nur. Alle erläuternden Texte sind verloren gegangen.

Es gibt keinen anderen Hinweis als die feingestochene Adresse des Künstlers. Einer wohnte ganz nah, in der »Rue Croix-des-Petits-Champs, vis-à-vis l'Hôtel de Lussan«. Ach, bester Herr Nachbar, welches Vergnügen hätte ich an Ihrer Arbeit gehabt, wenn uns nicht diese schrecklichen zwei Jahrhunderte trennen würden. Dank Ihrer Mühe existiert eine chinesische Quitte mit höckerigen Früchten, zinkblauen, geschwungenen Blättern und rosa Blüten noch heute so, als sei sie eben auf das steife Büttenpapier gemalt worden, das so gut der Zeit widersteht. Diese vollkommene Malerei lässt einem das Wasser im Munde zusammenlaufen, und die Sorgfalt, die dabei am Werke war, hat es nicht versäumt, am Fuße der Seite noch drei braune augenförmige Kerne hinzusetzen.

Aber ich wollte ja vor allem vom Pothos und vom Lackee erzählen. Sie kommen nach der »Guajave, die ohne jede Pflege gedeiht und aus deren Frucht man Konfitüre bereitet«. Sie kommen nach der »Riesenerdbeere«. Ja, es ist schon angebracht, von einer Riesin zu sprechen, füllt doch dieses rötliche Weichteil in »natürlicher Größe« das ganze Blatt aus. Man sieht ihre behaarten Poren und zwei gewölbte Hälften, wie immer an den heiligen Herzen Jesu, die auf den Heiligenbildchen verbluten. Ihre Beschriftung scheint sich über nichts zu wundern: »Die Baumerdbeere oder Corossola ist ziemlich wohlschmeckend. Gekocht vertreiben ihre Blätter

das Magenweh.« Ich hatte eigentlich mehr von diesem Monstrum und seinen Fähigkeiten erwartet, als ich sein Bild vor etwa fünfunddreißig Jahren erwarb. Zum Glück wird auf dem folgenden Blatt mein Durst nach Unwahrscheinlichem durch den Lackee und den Pothos gestillt. Der eine trägt kamelienartige Blätter und ist von birnenförmigen, karminroten Früchten übersät – es ist der Lackee – und seine Blüten sind rötlich getönt und blau durchschimmert, sodass ich den Maler wie den Forscher und auch den Botaniker im Verdacht habe, sie seien vor allem ins Land ihrer Träume gereist. Dann fasse ich wieder Vertrauen und glaube fest, dass der »Lackee in ganz kurzer Zeit bis zu fünfundvierzig Fuß hoch wird. Er erzeugt Früchte, die man vorzugsweise als Frikassee genießt, sie haben einen Geschmack von Kalbs- oder Geflügelfleisch.«

Bravo! Bravo! Genießen wir den stärkenden Wein des Wunderbaren in vollen Zügen! Noch mehr, noch mehr! Es lebe das Kalb der Wildnis, das eine gütige Vorsehung dem Wanderer offenbarte. Warum, o mein Botaniker, hast du dich damit begnügt? Warum hast du uns nicht noch bestätigt, dass der Lackee, nicht zufrieden damit, in wenigen Stunden zu wachsen, auch noch Eier legt, die Stimme des Ameisenbären nachahmt, die Leuchtkäferchen in Massen anzieht und beherbergt und so dem Verirrten als Leuchtturm dient?

Über den Pothos schweigt sich das schöne, aus

dem Leim geratene Album aus. Nach dem glänzenden Bild, das ihn darstellt, ist der Pothos eine mächtige Gurke, deren smaragdfarbige Oberfläche in regelmäßige Sechsecke geteilt ist, wie der Boden eines Badezimmers. Jedes Sechseck trägt in seinem Zentrum eine andere reliefartige, geometrische Figur, ein buntfarbiges Zierstück; eine Gurke, gut, aber eine Luxusgurke, die beinahe einem vierblättrigen Kleeblatt gleicht … Nein, eher als ein Kleeblatt sehe ich in ihr die vierlappigen Blüten des Flieders … Mit dem Unterschiede, dass im Gegensatz zur Fliederblüte und wie um den elementaren gesunden Menschenverstand zu beunruhigen der Pothos, der auch geschmückter Pothos heißt, an eine Wurst erinnert, die …

Ich gebe es auf. Es ist ein unmögliches Unterfangen, einen Märchenzauber, dem kaum die Farben des Prismas genügen, einfach schwarz auf weiß wiederzugeben. Setzt euch selbst mit Lackee und Pothos auseinander. Macht es wie ihr zauberkräftiger Maler-Zeichner: Lasst eure Fantasie walten.

Maiglöckchen

Wenn wir am ersten Mai das Maiglöckchen feiern, so bedeutet das für uns Pariser mehr als ein bloßes Spiel, mehr als ein Aberglaube; es ist für uns fast eine religiöse Handlung. Dieser Kult bringt die ganze Bevölkerung einer Hauptstadt in Aufruhr, der erst jenseits ihrer Vororte abflaut. Weiter draußen in der Provinz jedoch atmet man den leicht stechenden Duft des kleinen Blümchens unbelastet und in aller Ruhe ein. Und die Provence kennt es überhaupt nicht: »Qu'ès aco muguet?«, »Was ist das, ein Maiglöckchen?«, fragte mich die Betreuerin meines provenzalischen Gartens in Saint-Tropez.

Ihr solltet am ersten Maitag die Straßen von Paris sehen, den Andrang bei den Blumenhändlern – das Zweiglein für zwanzig Francs und den Bund für tausend Francs. Die Knopflöcher der Männer und die Gürtel der Frauen, sie alle tragen die Blumen zum Zeichen des Glaubens an diesen reizenden Glücksbringer. Besucht einmal den Maiglöckchenmarkt, der in Rambouillet neben der Residenz des Staatspräsidenten stattfindet. In enge Sträußchen gebunden, überfluten die weißen Blüten die Marktstände wie schäumende Wellen. Nach einem alten Brauch, gegen den sich niemand aufzulehnen wagt, sind die langen, grünen Blätter als Kelch darum gebunden.

»Und wenn man, um einmal zu wechseln, die Blätter in die Mitte stellte und die Blumen darum herum«, schlug ich einer Händlerin vor.

Sie musterte mich von oben bis unten, als ob ich von Sinnen wäre, und zuckte mit den Schultern:

»Na, danke schön! Ich könnte kein einziges mehr verkaufen!«

Einmal sah ich einige junge Mädchen, die sich, mit Körben am Arm, vorsichtig, aber behänd in den Park von Rambouillet hineinschlichen.

»Wir gehen zu Albert*, um ihm seine Maiglöckchen zu stibitzen«, rief mir eines von ihnen zu.

»Und wenn man euch erwischt? Es gibt Wächter dort!«

»Was denken Sie. Mit denen haben wir uns verständigt. Sie können die Maiglöckchen nicht leiden, weil die jungen Fasane an ihren Samen zugrunde gehen.«

Eine alte Jägerin aller köstlichen Gaben des Waldes, von Hyazinthen, Erdbeeren, Haselnüssen, Fingerhüten und Brombeeren, war schon vor Tag aufgebrochen, um in die Maiglöckchen zu gehen. Sie wollte allein sein und ließ die Etangs-de-Hollande und ihre allzu abgegraste Umgebung weit hinter sich. Als der grüne Wald schon in blau-

er Dämmerung versank, kehrte sie wieder zurück. Mit langen Schritten marschierte diese rüstige, ältere Frau daher und um sie herum tanzten Maiglöckchensträuße, zwanzig, dreißig, fünfzig Bündel, jedes an einem Lasso hängend wie ein gewildertes Waldtier. Sie erleichterte sich von ihrer Last, indem sie auf dem Weg schon ihre Sträußchen verkaufte. Ich selbst versäumte nicht, mir bei dieser weißhaarigen Dryade einen Vorrat zu holen, die da weißbeblumt und duftend, majestätisch wie eine ländliche Version Ludwig XIV. einherschritt.

Weniger schätzte ich um diese Zeit die Wochenenden, an denen der Wald von den Parisern geradezu belagert wurde. Die Kleinlastwagen bei der Hinfahrt mit warmem Brot und Schweinspasteten, Käse und Rotweinflaschen gefüllt, waren bei der Rückkehr mit grünlichen, an Blumenkohl erinnernden, viel zu früh gepflückten Maiglöckchen beladen. Ich bangte um die Bruthennen der Fasane, die in ihren Nestern aus trockenem Farnkraut zu Tode erschrecken würden, und die trotzdem in ihrem Heroismus lieber nach sich greifen ließen, als ihre kaum befiederte Nachkommenschaft im Stiche zu lassen … O sanfte, stille kleine Fasanenmutter, wie warm erschienst du meinen Fingern, die dir zufällig begegneten. Ich zog meine Hand zurück und pfiff leise meinem Hund, der einige Schritte von mir entfernt dem Federgeruch nachzuspüren begann. Um ihn abzulenken, versprach ich ihm eine Eidechse, eine Spitzmaus, einen Maulwurf, alles Tiere, die ihm dem Namen nach bekannt waren. Den Namen des Fasans hatte ich ihn nie gelehrt ...

Als der Tag sich neigte, kehrten wir über Saint-Léger, Mesnuls, Montfort-l'Amaury und Neauphle zurück. Bis nach Versailles säumten die Kinder die Straße und schwenkten Maiglöckchen, Hyazinthen, Buschwindröschen, Salomonssiegel, blauen Salbei, Efeu, Ehrenpreis, der seine Äuglein verliert, sobald man ihn pflückt, gelben Ackersenf, den man aus altem Gemäuer reißt, und Milchsterne, die sich sofort schließen, wenn eine Wolke über den Himmel zieht.

Wir hielten uns jedoch nicht länger auf, und der Wagen trug mit uns den Geruch der durstigen und erschöpften Blumen davon und auch das Gefühl eines bis zur Neige gekosteten Vergnügens und einer guten Müdigkeit, die den belohnen, der einen Maientag dem jungen Walde und den Maiglöckchen schenkt.

*) Albert Lebrun, ehemaliger Staatspräsident (1932–1940)

Rote Kamelie

Alles, was den Rahmen des Gewöhnlichen sprengt, bleibt uns unvergesslich. Vielleicht ist uns nur der Überschwang angemessen, zumindest in der kurzen Zeit, da wir noch staunen und wünschen, da wir jung und voller Gelüste sind. Ich möchte mich nicht mehr dazu äußern, ob die Jugend an und für sich schon Anlass zu allen Versuchungen bedeutet, denn für mich liegt diese Zeit weit zurück. Und dann hatten wir auch in unserer Jugend Anderes und Besseres zu tun, als uns gehen zu lassen. Wir mussten lernen, uns abmühen, uns bezähmen. Verschiedene Dinge erschienen mir damals begehrenswert, doch war es mir keineswegs klar, wie sie zu erlangen waren. Auf dem Wunschzettel standen da ein Garten mitten in Paris und eine traulich dämmerige Parterrewohnung, wo die bunten Flammen eines Holzfeuers emporloderten. Aber als ich dreizehn dressierte Windhunde kennen lernte, dachte ich nicht mehr an mein behagliches Gefängnis und an den vornehmen Pariser Garten. Als ich den Traum der dreizehn Windhunde aufgab, diese Schimäre, diese Arabeske, diesen dressierten Wirbelsturm, da begnügte ich mich mit einem Brabançon-Hündchen, das ausgewachsen ein Kilo schwer war. Und so weiter; wie es auch in der Liebe geschieht. Mit demselben kurzsichtigen und barocken Geschmack, der unsere Neigungen lenkt – im Ganzen unendlich anspruchsvoll und dann doch mit wenig zufrieden – oder mit dem Gefühl der Beklemmung, das mich in Museen ergreift und niederdrückt, in denen der Mensch allzu vollkommenes Menschenwerk zusammenträgt. Wie viel mehr Freude bereitet mir dagegen der Sieg eines purpurnen Keimlings, der die Keimblätter sprengt, denn für mich ist der Keim ein großes Schauspiel und nicht das Museum.

Und wieder einmal habe ich neben mir in meinem Zimmer solch ein wunderbares Schauspiel. Sechs rote Kamelien …

Obwohl sie eine außerordentliche Fron erdulden mussten, bleiben sie stundenlang frisch. Sie leben sozusagen vom Atem der Zeit. Blüten und Blätter haften bei ihnen nur noch mit einem Draht zusammen. Ein feines Drähtchen durchbohrt die Kelchhülle, durchbohrt das starke Herz, das reichlich Staubgefäße birgt, durchbohrt es von einer Seite zur andern, krümmt und windet sich um den Stängel, der steif die herrliche Blume trägt. So wird sie das Leben aufrecht verlassen, obwohl sie heimlich schon geköpft ist.

Sechs rote Kamelien. An den bösen Tagen des Monats heftete sie die Kameliendame in ihre langen, schwarzen Haare, die wie die der meisten

Tuberkulösen seidig glänzten, um den Leuten anzudeuten, dass sie allein schlafen werde. Eine gewisse Geschmacklosigkeit und eine gewisse Schamlosigkeit kennen keine Grenzen und werden seltsamerweise immer geduldet. Sechs rote Kamelien ... In der Primarschule lehrte uns Mademoiselle Olympe Terrain Kameliengirlanden aus rotem Papier für die Preisverleihung zu fertigen – obwohl wir noch nie in unserem Leben eine Kamelie gesehen hatten, nicht einmal auf Bildern. Daher schufen wir Blumen von willkürlicher Üppigkeit und seltsamer Missgestalt, was sie vielleicht gar verschönte.

Was sechs rote Kamelien zu dieser Stunde für mich zu tun vermögen, ist, mich zu ihren noch lebenden Schwestern zu entführen, in eine Heimat, die sie sich erwählt haben. Unter dem bretonischen Himmelsstrich ist allmählich eine hundertjährige Hecke erwachsen. Schwarz im Schatten, schwärzer noch in der Sonne, ist jedem Blatt auf seiner gewölbten Seite nur ein bläulichbleicher Lichtfleck gegönnt; so erwarten sie jenen Augenblick, die immer noch kalte Jahreszeit, in der die roten Kamelien alle auf einmal aufflammen werden ... Doch der roten Herrlichkeit folgt nur zu bald die Stunde des Vergehens. Und ich, die ich sie nie mehr am Orte ihrer Herrlichkeit sehen werde, ich kann mir wenigstens sagen, dass dort unten kein rostiger Draht das Gewicht einer schweren Blüte an ihren Stängel heftet. Nein, dort ist es der sanfte bretonische Wind, der Huf der braunen Kuh und der Platzregen, der mit der Flut hereinbricht, die den Blütenregen der roten Kamelien in ein weiches Lager verwandeln.

Zimmerhyazinthe

Sie sagen, dass im Walde von Marly die Hörnchen der wilden Hyazinthen schon fingerlang sind. Am 5. Januar 1948 ist das zugleich eine Bedrohung und ein Versprechen. Ich habe die Nachricht von gut unterrichteten Leuten, die an jedem Wochenende hinauswandern, um »zu sehen, ob der Frühling naht«. Und wirklich. Er naht, nur wird er auf ganz verschiedene Weise empfangen. Die Ausgelassenen klatschen in die Hände: »Der Holunder treibt! Wir können Ostern zelten gehen!« Die Besonnenen aber senken die Augen: »Und die Kastanienknospen, die schon am Aufspringen sind; und die Margeriten in den Wiesen; und die schwellenden Triebe des Flieders: das kann schön werden, wenn der Vollmond kommt ...«

Ich höre zu und erhasche dieses und jenes. Früher – das heißt, bevor mich dieses kranke Bein daran hinderte – war ich immer die Erste, die den Ruf ausstieß, der Freude oder Unruhe bedeutete. Ich war es, die an den aufgewühlten Wassern von Vaux-de-Cernay die im November gefallenen Blätter auseinander schob und die blassen Gesichtchen, welche die erwachenden Zwiebeln vorzeigten, befragte.

Heute ist es mein grämliches Vorrecht, vor allen andern einen Bund weißer Hyazinthen zu bekommen. Sie stehen dort in jener grünen Vase und erfüllen das Zimmer mit ihrem Duft. In ihren heimatlichen Gewächshäusern hat die Hyazinthe so viel getrunken, ihre gierigen Gefäße so erweitert, dass die leiseste Erschütterung sie schon verletzt. Ihr dicker, wasserverstopfter Stängel geifert an der Schnittstelle wie eine Schnecke. Oben trägt er schwere Glöckchen, die mattweiß sind wie Pfefferminzpastillen.

Hat sie überhaupt noch etwas gemein mit der zierlichen Tochter des Waldes, der wilden Hyazinthe, die alljährlich im Frühling von den Parisern abgegrast und doch nie ausgerottet wird? Jene lässt sofort den Kopf hängen, wenn sie erbarmungslos und bündelweise abgerupft wird, sie verliert ihren zarten Duft und stirbt. Man sollte sie nur lebendig sehen, in hellen Scharen zwischen dem noch kahlen Gehölz. Dann breitet sich ihr Blau so gleichmäßig aus, dass es von Weitem einem Teich ähnelt.

Und doch, o weiße Zimmerhyazinthe, die du in einem Sitzbad geboren wurdest, das deine Zwiebel wiegte, als sie noch zwischen Katze, Teekanne und Heften des kleinen Sohnes schlief – du wohlgenährte Städterin, ich danke dir, dass du mir ein wenig ersetzest, was mir nun immer fehlen wird: jene blauen Blüten des Waldes, so unmittelbar, so zerbrechlich und so zahllos, dass man hätte meinen können, einen See oder ein blühendes Flachsfeld zu erblicken.

Anemone

Redouté hat sie zu malen verstanden wie kein Zweiter! Sein ganzes Wissen, die höchste Sorgfalt und Genauigkeit, die er die Kronprinzessin Marie-Antoinette lehrte, hat er darauf verwandt. Wenn dann die Blume vollendet war, setzte er als Schönheitspflästerchen den ungeschliffenen Edelstein eines Tropfens hinein.

Er lehrte Prinzessinnen das Malen und Anemonen das Weinen. Alles, was in der Natur einen Samthauch trägt, Anemonen, hunderterlei Rosen, Aurikeln, das ist unter Redoutés Pinsel von Tränen betaut. Ich muss dabei an Madame Vigée-Lebrun denken, die beim Schreiben ihrer Memoiren voller Rührung ihre Feder mit dem bitteren Nass ihrer schönen Augen benetzte …

Meine Anemonen hier haben trockene Augen. In den Gärtnereien von Nizza, die sie schon im Dezember verlassen mussten, hat man keinen Sinn für derartige Poesie, denn man betreibt dort ihre Zucht als ernsthafte Industrie, die keine Spielerei zulässt. In regelmäßiger Ordnung stehen die Kronen da, klar und rein leuchten die Farben. Sie bekamen auf ihrer Reise nichts zu trinken, aber sie sind daran nicht gestorben; sie sind nur in Ohnmacht gesunken. Schlaff und geschlossen kamen sie an und ließen zuerst nur das glanzlose, gerillte, etwas behaarte Äußere ihrer Blütenblätter sehen und auch ihre petersilienartigen Blätter, die eher dem Gemüsegarten angehören als dem Blumenbeet. Würden diese der Wintersonne entrissenen Provenzalinnen wohl ihre Verheißungen von Scharlach, Rosa und Violet halten können?

Ein laues Fußbad genügt, und schon sind sie zu neuem Leben erwacht. Rund und majestätisch öffnet sich ihre Blüte. Die asymmetrische Iris zaudert; sie zerreißt ihre Seide in unregelmäßigen Zungenblättern; die Rose erstickt oft in ihrem engen Mieder, aber die Gebärde der Anemone ist von einer wunderbaren Entschlossenheit. Wenn ihre Adern vom Stiele aus vollgesogen sind, bläht sie sich nach allen Seiten auf wie ein voll entfalteter Fallschirm. Sie erinnert mich auch an einen Nachtfalter, Likene genannt, der hinter einer Gardine oder auf einem Pinienstamm seinen Schlaf abschüttelt, um zuerst nur ein Paar graue Flügel auszubreiten. Darunter aber erscheint plötzlich sein nächtliches Festkleid: himbeerrot mit schwarzem oder mondblau mit dunklem Rand.

Alle Anemonen sind nun zu sich gekommen und bilden einen überraschenden Sammetzauber in roten und ungebrochenen Violetttönen. Zwei oder drei Raritäten sind getigert wie Tulpen, beinahekastanienbraun und nicht-ganz-granatrot. Wie herrlich glüht ihr Feuer auf dem Tisch der Einsiedlerin. Ich liebe die Blumen, gewiss. Aber die Tiere sind mir nicht weniger nahe und die Anemone weiß das genau, denn in ihrem Innern, das sie weit auftut, schenkt sie mir einen hübschen, blauen Igel aus Staubfäden.

Kapuzinerkresse

Der Gründer der »Poubelle délicieuse« hatte sich einen arischen Namen zugelegt: Louis Forest. In Wirklichkeit aber war er der charmanteste Jude, den man sich vorstellen kann, witzig, geduldig, ein guter Erzähler, ein Feinschmecker und ein ausgezeichneter Koch. Seine kluge Küchenkunst kam nur ein wenig ins Wanken, als er versuchte, sich eines starren Prinzips zu bedienen, das in meinen Augen nichts mehr mit Gastronomie zu tun hatte und dem auch das Publikum die Gunst recht bald entzog.

Gekochtes Möhrenkraut essen, rohe Radieschenblätter samt der Radieschen verspeisen, sich am Grün der Schwarzwurzeln, an Brennnesseln, an Schilfkeimen ergötzen; die Wurzel des Feigenkrautes, die Sprossen des Fenchel – von noch herberem Kraut ganz zu schweigen – als Salat zubereiten, das ist ungefähr die Lehre, für die sich Louis Forest während des letzten Krieges mit erfinderischem Geiste und ehrlichem Bemühen einsetzte.

Ich erinnere mich noch gut einiger Festschmäuse in der »Poubelle délicieuse«. Das Ende dieser Mahlzeiten war gewöhnlich mehr wert als ihr Anfang, denn nach dem Dessert aus getrockneten

Früchten, aus eier- und mehllosen Kuchen, aus eingekochten Berberitzen, schenkte uns Louis Forest einen Kaffee ein, den er in einem selbsterfundenen Maschinchen gebraut hatte, einen Kaffee, der nirgends seinesgleichen fand.

Außer dem Grünzeug, den wilden, herben Kräutern pries unser Freund auch die nährenden Eigenschaften gewisser Blüten und versprach sich – nach redlichen Versuchen – von ihnen den Zuspruch seiner Gäste.

Aber kein angehender oder praktizierender Poubellist ließ sich dazu bringen, den Salat aus Rosenblättern zu genießen, der auch die hübsche Kapuzinerkresse in Misskredit brachte. Ich selbst hatte diesem Gewächs meine Gunst schon lang entzogen; ich liebte seinen pfefferartigen und leicht beißenden Geschmack keineswegs und duldete den Kapuziner mit seinem lustigen, kleinen Spitzhelm nur als Schling- und Wucherpflanze. Rot glühte er unter seinem runden, bläulichen Blatt hervor, das Wassertropfen und Tauperlen empfängt, ohne selbst nass zu werden. Am liebsten war er mir in meinen ländlichen Gärten, und in der Provence gesellte ich seine Ranken zu denen der blassblauen Winde, sodass beide ineinander verliebt ihren Blätterschopf und ihre Farben mischten.

Aber obschon wir dieses Grünzeug nicht als Nahrungsmittel akzeptieren, räumen wir ihm doch einen Platz ein auf dem Horsd'oeuvre-Teller, im

Einmachglas und im Steinguttopf, wo die geheimnisvolle »Essigmutter« sich schlummernd ausdehnt. Wenn das Jahr zur Neige ging und der Kapuziner verwelkte, schwollen seine Samen an und ich legte sie zu den Kapern, die ich dem Kapernstrauch von Segonzac als Knospen abgenommen hatte, zu den üppigen Zweiglein des Rosmarins, den kleinen, unreifen Melonen, den schwächlichen Rüben, einigen grünen, fadenförmigen Bohnen, den grasigen Beeren der Rebe. Ein ganzes herbstliches Sammelsurium, das, statt sich mit Zucker zu bereichern, seinen schwächlichen Geschmack in Essig stürzte, um dann später einmal die Melancholie kalten Kalbsbratens zu erheitern oder den zähen Widerstand gesottenen Rindfleischs zu brechen.

Adonis bei der Concierge

In der Ferne klagt eine herzzerreißende Stimme: »Adonis ist tot! Adonis ist tot! Oh, Adonis! ...«

»Wer schreit denn da so laut?«

»Die Frau im oberen Stockwerk, weil Adonis gestorben ist.«

»Adonis ist tot? Wie schnell sind wir doch dahin! Ach, ein Unglück ist schnell passiert!«

»Vor allem auf der Jagd ... Was musste er aber auch den Hanswurst machen! Man weiß ja, dass die Wildschweine heimtückisch sind ... Doch man kann sagen was man will, dahinter steckt die Rache einer Frau.«

Die Stimme: »Adonis ... ach, Adonis ...«

»Hört ihr sie, die Person da oben. Die ganze Nacht hat sie nicht aufgehört zu klagen.«

»Keine Angst, die tröstet sich schon. Es ist ja nicht ihr erster Liebhaber ...«

»Ein so schöner, junger Mann. Sah so kräftig aus, als hätte er hundert Jahre zu leben!«

»Ganz nackt lag er auf dem Gras, und niemand pflegte oder verband ihn. Und Sie können es mir glauben oder nicht, plötzlich war er so verändert, dass man ihn kaum mehr erkannte.«

»Ja, wirklich?«

»Genau, wie ich Ihnen sagte. Eine Metamorphose nennt man das. Sehen Sie, das ist so: dieses blutrote Blümchen in jenem Topf auf dem Fenster, das ist alles, was von ihm bleibt.«

»Es ist nicht zu glauben!«

»Nicht, dass es hässlich wäre, aber man muss doch sagen: nichts Besonderes. Die Blüte ist kaum so groß wie eine Erbse ... Mit einem schwarzen Schönheitsflecken in der Mitte ...«

»Eben mit dem Schönheitsflecken von Adonis, wie es sich gehört.«

»Sie scheinen besser als ich über die Intimitäten des jungen Mannes unterrichtet zu sein, Madame.«

»Ich sage, was ich sage, Madame.«

»Doch das gibt zu denken, Madame.«

»Aber, aber, Sie werden sich doch nicht wegen einer Blume streiten wollen ... Wegen eines Nichts, das sich mit seinem üppigen Blattwerk wichtig zu machen sucht.«

Die Stimme: »Adonis! Ach, du mein alles!«

»Die dort oben wäre nicht einverstanden, hören Sie?«

»Sie kann schreien, so viel sie will, das wird ihn nicht mehr aufwecken. Aber wenn es den Göttern schon beliebte, ihn zu metamorphisieren, wie Sie sagen, hätten sie ihn dann nicht in etwas Eindeutigeres und dem Auge Gefälligeres verwandeln können?«

Die Stimme: »Adonis! Ach, Adonis ist tot!«

»Ach, sie geht uns auf die Nerven. Es ist an der Zeit, dass ein anderes Thema angeschlagen wird. Ich muss mich verabschieden, meine Dame, ich muss meine Konfitürenmarken einlösen.«

Die Stimme:

»Adonis, o Adonis. Wie Blumen im Moos leuchtet dein Blut, wie Marmor deine Brust, die weißer als die Mondgöttin Phoebe durch die von Mörderhand geschändete Lichtung schimmerte … o Adonis, der du für immer erstarrt bist …«

Narzisse

Die »Jeannette«, wie man die Narzisse in meiner Heimat nennt, ist eine große Trinkerin. Immer hat sie Durst. Mit ihrem grünen, zarten und zerbrechlichen Röhrchen trinkt sie wie mit einem Strohhalm. Sie schlürft das Wasser aus der schwammigen Wiese, sie leert die Wassertümpel im Wald, sie legt die Ufer des Grabens trocken, den die Winterregen in ein Bächlein verwandelt haben; und der Vorfrühling hat nur sie auf den Lippen: Jeannette, Jeannette, Jeannette …

Aber manchmal wechselt sie den Namen und wird zur Narzisse. Die Narzisse ist von cremefarbiger Blässe und ihre Halskrause, die auf einem Blütenpelerinchen ruht, ist von einer roten Kordel eingefasst.

Bin ich denn so arm an Worten geworden, dass ich mich an Frauenkleidern inspirieren muss? Nein, aber der Vergleich liegt wirklich auf der Hand: das Blütenblatt gleicht einem Zierstück und die Krone duftigem Spitzenwerk.

Die große Jeannette aber streckt ihr hohles Horn wie ein Jagdhorn über die Wiesen, und wir nennen sie darum nur Trompetennarzisse. Am Grunde ihres goldgelben Blütenzeltes, das tief ist wie das des Fingerhuts, kauert die Staubfadenfamilie. Die kräftige Krone ist nichts anderes als eine lockende Falle aus unschuldigem Duft, den der Regen verwischt, die Kälte tötet und die Märzsonne neu belebt. Ein völlig zerknüllter Seidenfetzen hängt um ihren Hals, ach diese Narzisse hat nie gelernt, sich richtig anzuziehen. Und doch kann man nur sie brauchen, wenn man die großen eiförmigen Gebinde verfertigt, mit denen die Blumenfrauen in Paris zur Feier des Ostertages die ganze Stadt überschwemmen. Der Spitze des Eies pflanzt die Blumenhändlerin ein grünes Büschel lanzettartiger Blätter auf. Man weiß nicht warum, aber die Tradition will es so. Und schon gleicht das Osterei einer Ananas.

Wie waren mir in der warmen Provence die Jeannettes lieb – erst die weißen, dann die gelben, dann die großen Osterglocken, die schwerer duften als Orangenblüten! Wie waren mir in diesem Lande, das keinen langen, harten Winter kennt, diese Vorboten des Frühlings ans Herz gewachsen! Doch bin ich ja nicht zu beklagen, denn ich habe sie auch heute bei mir, hier auf diesem Tisch in Paris. Sie trinken so gierig, dass man zusehen kann, wie der Wasserspiegel langsam sinkt, und man meint, sie saugen zu hören.

Die weißen sind da und die gelben, und – welche Überraschung! – Harris hat sogar ein Bündel rötlicher Blüten dazugelegt. Aber ich habe Harris im Verdacht, dass er vorher in das Trinkgefäß dieser kleinen Säuferinnen einen gehörigen Schluck roter Tinte goss …

Heilpflanzen

Den botanischen Lerneifer auf diesem Gebiet habe ich von meinem Bruder. Er, der sich schon früh für die medizinische Laufbahn entschieden hatte, liebte die Pflanzen mehr als die Menschen und die Tiere noch mehr als die Pflanzen. Wenn ich mit ihm durch die Wiesen streifte, hatte ich das Gefühl zu botanisieren. In Wirklichkeit genoss ich damals nur meine Freiheit, dieses herrliche Vorrecht von Sidos Kindern.

In früheren Zeiten bestand die Sanitätsmannschaft meiner Heimat aus dem Doktor Pomié, einem silberhaarigen Alten, der zitterte wie Espenlaub, und aus einem kleinen Kontingent von bescheidenen Gliedereinrenkern, Quacksalbern und Hebammen – von den Letzteren sprach meine Mutter nur in geheimnisvoll abfälligem Ton ... Die Abbildungen der Pflanzen, ein von liebenswürdigen Fehlern strotzendes wissenschaftliches Wörterbuch – genügten mir damals vollkommen. Genügt es mir eigentlich nicht heute noch? In einem Dorf fehlte es früher nicht an Kräuterweibern. »Sie tragen den Tod in ihren Händen«, sagte Sido. Doch ich folgte ihnen heimlich in die Wälder. Sie sprachen wenig und dufteten herrlich. An ihren Schritten hing hartnäckig der Geruch des verbotenen Absinths. Es waren stolze, alte Frauen, die auf ihren Ruf hielten. Sie setzten sich nur selten und ruhten stehend aus, nicht ohne dabei ihren Strickstrumpf hervorzuziehen. Die vierte Nadel steckte immer in den Windungen eines großen Pfirsichkerns, der an einer Schnur über ihren Bauch hing, einem uralten Kern, der sich von Mutter auf Tochter vererbte und der vom Gebrauch ganz glänzend geworden war …

Nur eine pflegte zu sticken, und schöner, als ich es euch beschreiben kann. Mit ihren vom Brillentragen stumpfen Augen, mit ihren von Seifenwasser und Kräutersud ausgelaugten Händen verfertigte sie Taschentücher mit verschlungenen Initialen für Schlossherrinnen, Taufkleidchen für verhätschelte Säuglinge, zudem Schleier mit Mäandern und Medaillen sowie Brauthemden, die so dicht mit Feder- und Türkenstichen versehen waren, dass man sie ruhig auch allein, ohne die Braut, vor den Gatten hätte hinstellen können …

Die Zeit hat die Werke der kräutersuchenden Stickerin zerstört, die überall unter dem Namen La Varenne bekannt war. Lange Zeit bewahrten meine Mutter und ich einige bestickte Kragen auf sowie einige Taschentücher, in die man nicht zu schneuzen gewagt hätte. Sie blieben wie durch ein Wunder erhalten und sie gingen ebenso verloren. In einer etwas aufgedunseneren Fassung glich die Varenne Zug um Zug der Hexe, die im Perraultband, illustriert von Gustave Doré, mit dem Messer die Kürbiskutsche des Aschenbrödels aushöhlt.

Diese Ähnlichkeit erhöhte den Zauber und die Glaubwürdigkeit der Stickerin beträchtlich. Wenn ich ihr Fragen stellte, musste ich nicht befürchten, die Varenne wisse mir nicht zu antworten. Sie warf einen Namen hin – was sage ich, zwei, zehn Namen, die sie dann kommentierte:

«Das vertreibt die Warzen ... das tötet die Hunde ... Das ist Schlangenkraut; wenn du das siehst, dann ist auch eine Schlange in der Nähe. Dieses behaarte kleine Blatt heißt Mäuseschwanz.«

»Warum?«

»Es gibt kein Warum, es heißt Mäuseschwanz. Dort ist ein Lungenkraut für die Lunge.«

Von einer kleinen, prallroten Beere lehrte sie mich:

»Die kannst du essen, es ist eine Berberitze. Man kann sie auch einkochen. Aber man darf sie nicht zwischen Getreide pflanzen.«

»Warum?«

»Die Regierung hat's verboten. Es schadet dem Weizen. Das ist der Borretsch. Wie Spinat. Die kleine Kirsche ist eine Tollkirsche.«

»Ist sie gut?«

»Ja, zum Erbrechen.«

»Dann ist sie also nicht gut.«

»Wenn ich sage, gut zum Erbrechen. Was ist los?

Hast du dich gestochen? Komm und beweg dich nicht, ich will dir die Eselsdistel zurichten.«

Sie öffnete das Messer, zog über ihre Hand einen halbleinenen Handschuh und säuberte mir eine prächtige, violette kandelabrige Distel von ihren Stacheln. Ich habe die hohe Eselsdistel, die wilde und wehrbare Schwester der Artischocke, oft gegessen, und ich genieße ihren Blütenboden heute noch mit etwas Salz oder mit einer Vinaigrette.

Mein kindlicher Wissensdurst war im Grunde nichts anderes als die Begierde, welche das Kind zur behaarten Johannisbeere führt, zum wilden Sauerampfer oder zur Pimpinelle, die Katze zur Quecke ... Nur weiß das Kind viel weniger darüber als das Tier, vor allem das fleischfressende, dem die vegetarischen Heilmaßnahmen im Blute liegen. Wenn sie es vor Unruhe fast nicht mehr aushielt, suchte sich meine letzte Bulldogge in Saint-Tropez die Heilmittel scheinbar zufällig zusammen. Einmal fraß sie zuerst die obligatorische Quecke, begann zu geifern, benagte dann einen wilden Aprikosenstrauch, bis sie ihn gänzlich seiner Blätter beraubt hatte, schwankte dann verloren umher, bis sie eine große Zinnie fand, von der sie nur die Blüte übrig ließ, übergab sich endlich und spie die vom südlichen Klima aufgewühlte Galle aus.

In einem Band ihrer Erinnerungen erzählt Marguerite Moreno, dass der kluge Direktor eines argentinischen Zoos seinen Raubtieren abführende Quecken verabreichte. Das Kapitel der Abführmittel war für die Varenne nicht auszuschöpfen, und auch die harntreibenden Mittel kamen immer wieder zur Sprache. Was kümmerten sie die Sprachverdrehungen. Die Varenne sagte: »Santonille« für »Santonin« und »Lustkraut« für »Brustkraut«. Aber diese Irrtümer erschütterten den Glauben ihrer Getreuen keineswegs. Sie konnte nicht vom »Hirtentäschchen« sprechen, einem bescheidenen Wiesenkraut, ohne in eine seltsame Unruhe zu geraten, die sich noch verdoppelte, wenn sie der Zufall zu einem anderen dürftigen Kraut führte, dem »Pfaffensäckchen«. Viel später habe ich gelernt, dass Frauen, die mit der Liebe wirklich nichts mehr zu tun haben, oft immer noch eine eigene Lust an zweideutigen Anspielungen besitzen.

Die Varenne mischte die Laute durcheinander, ohne jemals die Arten zu verwechseln. Einige, die sie ihrer besondern Phonetik anpasste, sind mir im Gedächtnis geblieben. Die »Amarause«, die früher auf nicht ungefährliche Art mit der Küchenschelle behandelt wurde, verwandelte sich in ihrem Munde zur »Amoureuse«, und aus dem alten Narkotikum entstand wohl oder übel ein Liebestrank. Auch kümmerte sich unsere Varenne wenig darum, dass Boileau in einem Brief an Racine die Dienste des »herbe aux chantres«, der Wegrauke, gegen Heiserkeit gerühmt hatte, unbedenklich nannte sie es weiterhin »herbe aux chancres«, Schankerkraut, und pflegte es auch in diesem pikanten Sinne zu verordnen.

Wo es der illegitimen Pharmakopöe an Wissen fehlt, da geniert sie sich nicht, zu erfinden. Man denke nur an all die Hexenkräuter und die Kräuter, die – Schwangeren verabreicht – Knaben hervorbringen sollen! Erkundigt euch nur selbst; in meiner Heimat werdet ihr mehr »Genarien» finden als Geranien. Das Veilchen verblasst am Ende des Frühlings, dann heißt es Hundsveilchen. Bleich, mit lila Adern, klein, geruchlos und stelzenbeinig ist es geworden, und niemand beachtet es mehr und denkt daran, dass es dasselbe Blümchen ist, welches schon im frühen Februar die nach Westen und Süden gelegenen Böschungen bedeckte. Man pflückt nur die Köpfchen und breitet sie dann auf dem schattigen Dachboden auf weiße Papierblätter. Sie erfüllten mein Elternhaus mit einem Duft, der nach Sido »gut begann und schlecht endete«, bevor sie dazu benutzt wurden, unsere Herbstschnupfen zu kurieren. Obwohl es in unserem Dorfe kein Haus gab, in dem nicht Kräuter getrocknet wurden, sah ich nie, dass meine Mutter sie anwendete. Von ihr habe ich die Ansicht übernommen, dass der Veilchentee nach fadem Grünzeug schmeckt und der Lindenblütentee ... Ach Gott, genießt doch die Linde, wenn sie ein Bienenvulkan ist, ein rötlicher Blütenstrauß! Ist es nicht genug, dass sie es dann mit den Orangenblüten aufnimmt, dass ihr Duft euch schmeichelnd umgibt, dass der Blütenstaub wie ein Goldregen niederrieselt! Soll sie wirklich noch aufgebrüht werden, um eure Grippe zu heilen? Schreibt einfach diese Namen auf jene kleinen, eckigen Schubladen, die auf dem Bauche einen runden Knopf tragen: Veilchen, Lindenblüten, Eisenkraut, Minze, Honigklee, Orangenblüten. Und vergesst mir ja den Huflattich nicht. Ich weiß zwar nicht einmal mehr, über welches Gebrechen er sein gelbes, wolliges Tätzchen hält, aber sein Name gefällt mir. Ich habe, mit Verlaub, auch vergessen, zu was die Teufelsruten dienen, und von einer anderen Pflanze, die sich mit dem schönen Namen »Chirurgenkunst« schmückte, ist mir nur der Name geblieben.

»Wozu braucht man das?«, fragte ich.

Die Varenne kratzte mit dem Ende ihrer vierten Nadel unter dem Kopftuch im Haar und richtete ihre funkelnden Brillengläser auf den Wald, der in der Ferne wundersame Allerweltsheilmittel und tödliche Säfte barg und antwortete:

»Zu nichts.«

Noch heute hat die verstorbene Varenne nicht all ihre Macht verloren. Der Zauberkreis ihrer Kräuter zieht sich nur etwas enger: Purgierkraut, Kolikkraut, Abtreibkraut, Schlafkraut und Liebeskraut. Ihr seht, sie gibt mir immer noch Stoff zum Träumen.

Die kalbsfüßige Kalla

Die Kalla ist eine Blume, wenn man so will. Aber ich will nun eben nicht. Woran erkennt ihr, dass die Kalla eine Blume ist? Keine Blütenblätter. Keine Staubblätter. Ohne sichtbare Schweißstelle, ohne Übergang weitet sich der grüne Stängel in einen weißen Trichter aus. Die weiße Winde, die den Hecken nachklettert, ist blumenhafter, und auch die längliche Hängeblüte des giftigen Stechapfels erscheint mir schön und anziehend. Aber ihr liebt die Kalla um ihrer Steifheit und betonten Einfachheit willen; »wie viel Kraft liegt in dieser schönen Schlichtheit«, sagt ihr. Soll ich darum mit euch streiten oder mit der Kalla?

Ich finde zum Beispiel auch, dass die Strelitzie gar nichts von einer Blume an sich hat. In vielen Farben und Formen bedeckte sie den Garten des Hotels Saint-Georges in Algier. Kräftig leuchtete der Blütenschopf, welcher sich am Ende jedes Stängels kreisrund öffnete. Dunkelblau, etwas hellblau und orange bildete er etwas wie einen zugespitzten Schnabel und rechtfertigte so vollauf den Namen Vogelschnabel-Strelitzie. Ich selbst deutete allerdings die seltsame, fächerförmige Blume anders. Sie erschien mir wie die Hand eines Siamesen. Daumen und Zeigefinger sind an der Spitze geschlossen, die anderen Finger ragen kühn und steil empor. In der Sprache des siamesischen Balletts bedeutet diese gesträubte Hand am Ende eines langen, geschmeidigen Tänzerinnenarms Zorn. Wo ist nun das Vorbild zu suchen, in der Blume oder in der empörten Hand?

Sie war wunderschön, die Tänzerin Ith in ihren Verwandlungen, schön trotz der kreidigen Schminke, eines glatten ausdruckslosen Gesichts, einer kleinen Nase, die sich kaum vom Fleisch der Wangen abhob. Als sie einen erzürnten Prinzen darstellte, bildeten ihre herrlichen Hände mit dem Bogen des Daumens und des Zeigefingers immer wieder das Wort Zorn und erinnerten mich dadurch an die Blume Strelitzie.

Und nun komme ich also widerstrebend zu dieser anderen Blume zurück, die mir so gar nichts sagt, obwohl sie in unseren abendländischen Sträußen eine große Rolle spielt: zu der Kalla. In meiner Heimat wächst sie im feuchten Gehölz; aber ihr Trichter bleibt bei der wilden Art grün, und wir nennen sie Mönch, weil im Innern der gerollten Tüte ein brauner phallischer Griffel aufsteht wie ein Prediger auf der Kanzel. Er riecht nicht gut, dieser kleine Mönch. Lasst ihn ruhig im Gebüsch von Auteuil stehen, wo man ihn noch hie und da trifft und wo er im Frühjahr die große weißlederne Kalla verkündet, die euch so begeistert.

Was hättet ihr wohl zu jenem Stück Brachland gesagt, das in Tanger vor meinem Hotel lag. Plötzlich erhoben sich anstelle der üblichen Brennnesseln und der fast ehrwürdigen Quecke Kallablüten, Kalla und nichts als Kalla. Eine muntere Schar Eingeborenenkinder brach und zertrat täglich die großen, geruchlosen Blüten. Es ist immer traurig, wenn mit Gewalt etwas zerstört wird, das nichts anderes begehrt, als zu leben. Ich beklagte mich darüber bei irgendeinem dekorativen Hotelangestellten, der seine müßigen Arme ausbreitete und mit den Achseln zuckte:

»Man muss«, sagte er. »Es ist Unkraut.«

»Arme Kalla ...«

Er zog seine samtenen Brauen in die Höhe:

»Eine Kalla?«, sagte er. »Es ist Kalbsfuß.«

Mohn

Leichter Kopf! Und klingend wie eine Schelle, aber ganz und gar nicht leer. Wenn die Reife gekommen ist, öffnet sich unter der runden Krone eine Reihe kleiner Löcher, und wie feiner Pfeffer bestäubt der Samen die lockere Erde, wo der nächste Mohn wachsen wird, der Mohn des folgenden Jahres, groß und scharlachrot. Gott, wie ist doch alles herrlich eingerichtet. Warum kopieren wir eigentlich dieses vollkommene Modell eines Salzfasses, einer Pfefferbüchse oder eines Zuckerstreuers für die Erdbeeren nicht?

Die grünen Wellensittiche pickten die Körnchen, wenn wir ihnen etwas übrig ließen, aber das kam selten vor. Denn der ausgereifte Mohnsamen verliert seine Bitterkeit und trägt nur noch einen angenehmen Geschmack nach Opium und Mandeln. Als Kinder aßen wir ihn handvollweise, obwohl man uns mit der Rute, mit Verdauungsstörungen und tödlicher Lethargie drohte. Wurde unser Schlaf irgendwie beeinflusst? Ich erinnere mich so wenig daran wie an die Wirkung des in gleichen Mengen genossenen Hanfsamens, um den wir mit den Vögeln der Volière um die Wette stritten. Ich weiß noch, dass der ihm eigene Geschmack und auch der Geruch – der beim Mohn in den Kornfeldern schon wahrzunehmen war – sich noch verstärkte beim lilafarbenen Mohn, der für die Arzneizubereitung in Reihen ausgesät wurde; aber beim großen, roten Mohn, der Flamme und Glorie der Blumenbeete, war zugleich die leise Musik fallenden Kornes zu vernehmen.

Dieser Letztere, der im Innern seiner scharlachroten Blütenkuppel dunkelblaue Flecken trägt, erhebt sich stolz aus seinem grünen, kratzbürstigen Blätterbett und wird von ängstlichen Seelen »Mephisto« genannt. Aber Felix de Vandenesse schickte ihn seinerzeit vergeblich auf die sinnliche Eroberung von Madame de Mortsauf aus. Ach, der Mohn schläferte diese Unglücklich-Verheiratete nur ein, statt sie zum Glühen zu bringen. Hingegen dient er zu anderen Übeltaten, und wäre es nur zu der, dass er Schlaf in die bläulichen Fläschchen rachitischer Säuglinge gießt.

Ich musste den großen Mohn mit seinem blauen Pollen und seiner langsam entfalteten Seide auf den Wiesen und Äckern zurücklassen. Aber viel später fand ich ihn dann in Paris wieder, hinter Türen, die man sorgfältig verschlossen hielt. Er war schwarz, sirupartig und verboten und hieß hier »Droge«. Auf einer orientalischen Pfeife blähte er sich langsam auf: Tropfen um Tropfen, zwischen Matten, Kissen und ausgestreckten Leibern. Ich erkannte seinen Geruch wieder, der mir liebenswürdiger und ausgeglichener erschien als je – einen Geruch, der trotz seiner vollkommenen Harmonie noch leise an Trüffel und gerösteten Kakao erinnerte.

Um das Opium zu lieben, braucht man nicht Opiumraucher zu werden. Den Giftsüchtigen erscheint es als unentbehrliche Zuflucht. Ängstlich messen sie ab, berechnen Gewicht und Preis und sind in steter Sorge, sich zu täuschen. Aber dem, der sich nur am Dufte des Opiums erfreut, ohne es zu rauchen, werden vielerlei Genüsse zuteil: von balsamischem Tee- und Tabakduft umhüllte Stunden, die Begegnung mit einem seidenen Stoff, einem kostbaren Teppich, eine unerwartete Freundschaft unter dem Zeichen des majestätischen Mohns, der die Nacht scharlachrot durchglüht.

Christrose

Bei uns, wie wohl überall, nennt man sie Christrose. Doch sie gleicht der Rose keineswegs, nicht einmal der kleinen, zitternd errötenden Heckenrose, die doch auch nur fünf Blütenblätter besitzt.

Jeder Kieselstein, jeder Grashalm, jedes welke Blatt verströmt mehr Duft als sie. Aber es ist nicht ihre Bestimmung zu duften. Lasst es Dezember werden, wenn der Reif alles bedeckt, und plötzlich wird sie euch zeigen, wozu sie fähig ist. Winterliche Nächte, in denen erst der Ostwind weht und dann dicker und nicht zu pulveriger Schnee fällt, das hat die Christrose gern. Wenn ich als Kind gegen Ende Dezember in den Garten ging, um die dicke Schneeschicht wegzuheben, dann war ich ganz sicher, darunter die Christrose zu finden.

Die Christrose übersteht den Winter als Versprechen, als Überraschung, als Kostbarkeit, als vitales, zäh zusammengeducktes Pflänzchen. Solange der Schnee sie bedeckt, bleiben die Blüten eiförmig geschlossen, und nur ein hauchzarter rosa Schimmer scheint an der äußeren Seite ihrer gewölbten Blätter ihren Atem zu verkünden. Die kräftigen, gezackten Blätter, die Stängel, alles trägt zur rührenden Ausdauer dieser Pflanze bei. Pflückt man sie, so lösen im leicht erwärmten Zimmer ihre zarten Muscheln die Gelenke, und ein Büschel gelber Staubfäden breitet sich strahlend und lebensfroh aus …

Christrose! Bringt man dich zum Blumenhändler, so weiß er nichts Klügeres zu tun, als deine Blüte zu quälen. Er legt die Blätter zurück, ähnlich wie er die Tulpe vergewaltigt und peinigt. Aber ich suche nachher seine Gewalttätigkeit wieder gutzumachen. Bei mir tauchst du bis zum Hals in Wasser und bis zu den Wimpern in Licht, und glaube mir, so kannst du ruhig deinen keuschen Schlaf zu Ende führen.

Dann aber, Christrose, musst du sterben, weil Menschenhand es so beschloss, während der gute, warme Schnee dich noch lange am Leben erhalten hätte.

Colette

Sidonie Gabrielle Colette, am 28. Januar 1873 in Saint-Sauveur-en-Puisaye im Burgund geboren, gehört bis heute zu den bekanntesten und meistgelesenen modernen Klassikern der französischen Literatur. Ihr umfangreiches Werk, das Aufnahme in die *Bibliothèque de la Pléiade* fand, umfasst zahlreiche Romane, Erzählungen, Essays, Erinnerungen und Briefe.

Als Ehefrau des Schriftstellers und Musikkritikers Henry Gauthier-Villars war sie, erst zwanzigjährig, aus der Provinz ins Paris der Belle Époque gekommen. Ihr Gatte, ein berüchtigter Salonlöwe, genannt »Monsieur Willy«, erkannte rasch ihr literarisches Talent und brachte sie dazu, ihre Erinnerungen an ihre Kindheit und Schulzeit aufzuschreiben. Die *Claudine*-Romane, die ab 1900 erschienen und ungeahnte Erfolge feierten, veröffentlichte Willy jahrelang ungeniert unter seinem Namen. Erst 1906, mit über dreißig Jahren, gelang Colette mit der Trennung der Ausbruch aus dieser zweifelhaften »Arbeitsgemeinschaft«. Die Autorenrechte an ihren *Claudine*-Romanen jedoch musste sie Willy überlassen.

Nach der Scheidung hatte sie zunächst eine Liebesaffäre mit Nathalie Clifford Barney, mit der sie danach zeitlebens befreundet blieb. Sie nahm Pantomimenunterricht und gastierte mehrere Jahre auf zahlreichen Varietébühnen in Paris und in der Provinz. Ihr Auftritt mit ihrer zeitweiligen Geliebten Mathilde de Morny 1907 im *Moulin Rouge* löste einen Tumult aus, in dessen Folge das Stück *Rêve d'Égypte* verboten wurde.

Colette trat nun auch selbst als Schriftstellerin und Journalistin in Erscheinung. Ihr Roman *La Vagabonde* (dt.: *Renée Néré. Das Schicksal einer Frau*, 1927; *La Vagabonde*, NA 1987) war 1910 für den Prix Goncourt nominiert; sie schrieb regelmäßig für die Zeitschrift *Le Matin*, deren Mitherausgeber ihr zweiter Ehemann Henry de Jouvenel war. Das Paar war seit 1912 verheiratet, die gemeinsame Tochter Colette Renée wurde ein Jahr später geboren.

Colettes unkonventioneller Lebensstil schlug sich auch in ihren Werken nieder, insbesondere setzte sie sich kritisch mit der Ehe auseinander und schrieb freimütig über die Sexualität der Frau. 1920 erschien ihr Roman *Chéri* (dt.: *Chéri*, 1927), die Geschichte einer letztlich unmöglichen Liebe zwischen einem jungen Mann und einer älteren Frau. Nachdem die Ehe mit Henry de Jouvenel 1923 geschieden worden war, lernte Colette Anfang 1925 ihren dritten Mann, den deutlich jüngeren Unternehmer und Schriftsteller Maurice Goudeket (1889–1977), kennen, die Hochzeit fand zehn Jahre später im April 1935 statt. 1941 wurde ihr Mann aufgrund seiner jüdischen Herkunft von der Gestapo verhaftet, Colette gelang es jedoch, seine Freilassung zu erwirken. Ihre letzten Jahre verbrachte die Autorin gichtgeplagt in ihrer Pariser Wohnung, Goudeket blieb bis zuletzt an ihrer Seite; 1948 bis 1950 erschien die von ihm besorgte Gesamtausgabe ihrer Werke.

Colettes Roman *Die Katze* (*La Chatte*, 1933; dt.: *Die Katze*, 1936, NA *Eifersucht*, 1959) wurde neben *Gigi* (1944; dt.: *Gigi*, 1953) und den *Chéri*-Romanen – der 2. Band *La Fin de Chéri* erschien 1926 (dt.: *Chéris Ende*, 1927) – zu einem ihrer größten literarischen Erfolge. Die Textsammlung *Mein literarischer Garten* entstand auf Anregung eines Schweizer Verlegers, der Colette 1947 regelmäßig einen Blumenstrauß schickte. Sie schuf im Gegenzug literarische Porträts unterschiedlicher Blumen, die 1948 unter dem Titel *Pour un herbier* (dt.: *Für ein Herbarium*) bei Mermod in Lausanne erschienen. Wie kaum eine Schriftstellerin vor ihr wurde Colette geehrt, 1945 in die Académie Goncourt berufen, 1949 übernahm sie deren Vorsitz; 1953 wurde sie zum *Grand Officier* der französischen Ehrenlegion ernannt. Als Colette am 3. August 1954 in Paris starb, wurde ihr ein pompöses Staatsbegräbnis zuteil.

Bildnachweis

Francisco Manuel Blanco, 1837, wikimedia commons: Gardenie, S. 14. *Louis Bouvier*, 1878, Biodiversity Heritage Library: Sommer-Adonisröschen, S. 82. *George Cooke*, 1830, Biodiversity Heritage Library: Lilie, S. 10. *Hans Simon Holtzbecker*, 1649–1659, Statens Museum for Kunst: Iris, S. 48, Hyazinthen, S. 73. *William Jackson Hooker*, Biodiversity Heritage Library: Pothos, S. 52, Kalla, S. 98. *Franz Eugen Köhler*, 1897, wikimedia commons: Ringelblume, S. 44. *Jean Linden*, 1874, Biodiversity Heritage Library: Kamelie, S. 64. *Jacob Marrel*, ca. 1635–45, Metropolitan Museum of Art New York City: Tulpen, Vor- u. Nachsatz. *August Mentz*, 1917, Biodiversity Heritage Library: Veilchen, S. 90. *Louisa Anne Meredith*, 1836, wikimedia commons: Riesenerdbeere, S. 55, Maiglöckchen, S. 61. *Maria Sybilla Merian*, 1705, Biodiversity Heritage Library: Mandeleibisch, S. 110; dies., 1675–1680, Kupferstichkabinett, Staatliche Museen zu Berlin: Strauß, S. 2; dies., Rijksmuseum Amsterdam: Tulpe, S. 30; dies., 1680, Royal Collection Trust, London: Rose, S. 7. *Pierre-Joseph Redouté*, 1827, wikimedia commons: Rose, S. 4; Orchidee, S. 18, S. 21; Glyzinie, S. 24; Geißblatt, S. 27; »Faust«, S. 34; Pfingstrose, S. 38; Flieder, S. 41; Maiglöckchen, S. 58; Kamelie, S. 67; Hyazinthe, S. 70; Anemone, S. 74; Kapuzinerkresse, S. 78; Narzissen, S. 86; Mohn, S. 102. *Abraham Jacobus Wendel*, 1868, Hortus Botanicus Leiden: Christrose, S. 106.

Inhalt

Colette

Die Katze

Aus dem Französischen
von Elisabeth Roth

Roman, 144 Seiten
Halbleinen
ISBN 978-3-86915-156-4

Dieser psychologisch raffinierte und brillant erzählte Roman über eine ungewöhnliche Dreiecksgeschichte zwischen einem jungen Pariser Paar und der Kartäuserkatze Saha, ein Kleinod im Werk der Colette, wurde zu einem ihrer größten literarischen Erfolge. Scharfsinnig erzählt sie von der Rivalität zwischen Mann und Frau und zeichnet zugleich das zärtliche Porträt einer klugen Katze, die den Menschen überlegen und über alle Dinge erhaben scheint.

Olivia Elkaim

Modigliani, mon amour

Roman, 208 Seiten
gebunden mit SU
ISBN 978-3-86915-154-0

Paris 1916: Jeanne Hébuterne studiert Malerei an der Akademie Colarossi, als sie Amedeo Modigliani begegnet – es ist Liebe auf den ersten Blick. Sie verlässt ihr behütetes Elternhaus und folgt dem mittellosen Maler ins Künstlerviertel Montparnasse. Doch die leidenschaftliche, exzessive Liebe zwischen Modigliani und seiner Muse entfaltet zunehmend ihre zerstörerische Kraft. Eine fesselnde Zeitreise ins Künstlermilieu der Pariser Boheme vor 100 Jahren und zugleich ein bewegender Liebesroman, erzählt aus der Perspektive von Jeanne Hébuterne.

– www.ebersbach-simon.de –

Andrea Weiss

Paris war eine Frau

204 Seiten, Abb.
gebunden mit SU
ISBN 978-3-86915-115-1

Andrea Weiss zeichnet ein faszinierendes Porträt der weiblichen Avantgarde im Paris der legendären Zwanziger- und Dreißigerjahre: Ein kreatives Zentrum, das ideale Entfaltungsmöglichkeiten bot für eine illustre Riege von Schriftstellerinnen und Künstlerinnen, die als Frauen von der Left Bank Geschichte schrieben, darunter Margaret Anderson, Djuna Barnes, Colette, Janet Flanner, Gertrude Stein, Adrienne Monnier, Gisèle Freund u. v. a. Sie alle sprengten die Fesseln eines angepassten Lebens und bildeten eine verschworene Gemeinschaft, deren Mythos bis heute fortwirkt.

1. Auflage 2020

Überarbeitete und veränderte Neuausgabe der 2010
bei edition ebersbach erschienen Ausgabe

Übersetzung aus dem Französischen von Waltraud
Kappeler; neu bearbeitet von Beate Clausnitzer und
Anett Schwarz
Umschlaggestaltung: Lisa Neuhalfen, moretypes, Berlin
Cover: Maria Sybilla Merian, Rijksmuseum Amsterdam
Satz: Birgit Cirksena · Satzfein, Berlin
Druck und Bindung: Grafisches Centrum Cuno, Calbe
Printed in Germany
ISBN 978-3-86915-211-0

www.ebersbach-simon.de